U0490899

大运河

从北京出发，下江南！

曾孜荣 著

中信出版集团 | 北京

图书在版编目（CIP）数据

大运河：从北京出发，下江南！/ 曾孜荣著. --
北京：中信出版社, 2023.3（2024.4重印）
ISBN 978-7-5217-4117-9

Ⅰ.①大… Ⅱ.①曾… Ⅲ.①大运河－文化史－通俗读物 Ⅳ.① K928.42-49

中国版本图书馆CIP数据核字(2022)第241576号

大运河：从北京出发，下江南！

著　　者：曾孜荣
出版发行：中信出版集团股份有限公司
　　　　　（北京市朝阳区东三环北路27号嘉铭中心　邮编　100020）
承 印 者：北京瑞禾彩色印刷有限公司

开　　本：889mm×1194mm　1/12　印　张：8　字　数：149千字
版　　次：2023年3月第1版　　印　次：2024年4月第4次印刷
书　　号：ISBN 978-7-5217-4117-9
定　　价：78.00元

出　　品：中信儿童书店
图书策划：好奇岛
策划编辑：明立庆
责任编辑：房阳
营　　销：中信童书营销中心
封面设计：韩莹莹
内文排版：韩莹莹

版权所有·侵权必究
如有印刷、装订问题，本公司负责调换。
服务热线：400-600-8099
投稿邮箱：author@citicpub.com

目录

1	穿越千年的"水上互联网"	36	第五站·淮安清口 大河向东流
2	第一站·北京 星罗棋布的京城水系	46	第六站·扬州 大运河第一城
16	第二站·天津 借道温榆河，下江南！	54	第七站·瓜洲 京口瓜洲一水间
24	第三站·德州 九达天衢	60	第八站·苏州 上有天堂，下有苏杭
30	第四站·泰安 大运河之心	72	第九站·杭州 江南忆，最忆是杭州

穿越千年的"水上互联网"

我们都知道，我国的地势西高东低，所以大江大河几乎都是从西向东流的"横河"，比如北方的黄河、南北分界的淮河以及南方的长江等。你还能想到其他"横河"吗？

中国有这么多的"横河"，却几乎没有连通南北的"竖河"。因此，自古以来，北往南来的沟通与交往就成了一个大问题，尤其是南方的粮食、丝绸、瓷器等产出，很难大量运输到北方去。

古时候没有火车、汽车，走陆路要靠人力、畜力，还得跋山涉水，不仅速度慢，运力也很小。比如古代的手推车，大约只能装载50公斤货物，人推着手推车每天最多走25公里。

若是从海上用船运，又经常会遇到风浪，船只时有翻覆、沉没或是失踪，损失特别大，很不保险。古代负责运输的官员，常常用"漂没"来形容这种损失，就是船和货物漂到大海里，都没了！有时漂没的损失率居然高达30%～40%！这可怎么办呢？

大约2500年前的春秋时期，吴王夫差一心想北上讨伐齐国，称霸中原。但远征北方第一个需要解决的就是运输问题，于是吴王征调了大批民夫，在长江与淮河之间开挖了邗（hán）沟。这样一来，吴国的军队和粮草就可以从长江通过邗沟，直接运入淮河，方便他从水路出兵中原。邗沟是世界上有明确纪年的第一条大型人工运河。

到了1400多年前，隋朝统一中国，隋炀帝下令在邗沟等多段古代运河的基础上，开挖一条贯通南北的大运河，把海河、黄河、淮河、长江、钱塘江以及中间众多天然河流与湖泊都串联起来，这就是我们今天说的"隋唐大运河"。

等到大约700年前的元朝，元世祖忽必烈定都大都（今北京）后，把原来以河南洛阳为中心的"隋唐大运河"，疏通改造成了以北京为中心，南下直达浙江杭州的"京杭大运河"。"京杭大运河"比绕道河南的"隋唐大运河"缩短了九百多公里，进一步方便了南北交通与运输。

自从大运河出现后，中国南北的沟通、交往与运输，无论是速度还是运力都提高了很多，特别是运输中的漂没损失降低了不少。所以从隋朝开始，历经唐、宋、元、明、清各朝，大运河都是连通中国南北的"大动脉"和"高铁轨道"，也是连接中央和地方的"水上互联网"。为历史上中国政治、经济、文化的统一与发展，做出了不可磨灭的贡献！

第一站 北京

沙河 清河 长河 昆明湖 紫禁城 东便门 卢沟桥 通州 张家湾

〔清〕佚名《彩绘运河风光图卷》（局部）

北京　天津　德州　泰安　淮安清口

星罗棋布的京城水系

大运河流经路线
通惠河

1206 年元朝立国，后来定都北京（当时叫大都）。但北方气候干旱，出产的粮食不够北京城众多的人口吃。为了供应足够的粮食，元朝政府大兴工程，把隋唐以来以洛阳、开封为中心的"隋唐大运河"，改修成从江南杭州直达北京的"京杭大运河"。

可同样由于气候干旱，北京至通州这一段大运河（通惠河）常常缺水，漕运因此时断时续。开挖大运河，最大的技术问题是：如何利用地势高低顺利引入水源？

1292 年，元朝负责水利的大科学家郭守敬经过仔细测量，设计出弯曲的水渠，将北京西北一带的众多泉源（如白浮泉等），绕过海拔低于北京城的沙河与清河，辗转汇入北京西郊的瓮山泊（今昆明湖），再通过长河导入北京城内的积水潭（缩小后成了今天的什刹海），最后注入通惠河。这样一来，来自江南的货物就可以通过京杭大运河源源不断地运到北京城下了。

为什么要开挖通惠河？
元朝初期，大运河只能通到北京东面的通州，堆积如山的货物要运进京城，还需要从陆路转运几十公里，很不方便。因此元世祖忽必烈下令开挖连接大都城与通州的通惠河，大运河终于可以直达大都城内。

扬州　　瓜洲　　苏州　　杭州

大运河水源之一：昆明湖

昆明湖北岸的长廊东起邀月门，西至石丈亭，全长 728 米；绘有 8000 多幅彩画，被人们称赞为中国最长的"画廊"。

〔清〕佚名《三山五园图》（局部）

北京城西北的郊野，自古就是一个淀泊密布、湖山优美的地方，所以得名"海淀"。其中的瓮山泊（明朝时改称西湖）更是元、明、清三朝，京城水系与大运河最重要的水源与蓄水库。

1644 年清军入关，但来自白山黑水、习惯游牧骑射的清朝统治者，并不适应待在北京的城墙里度过炎热夏天。他们渴望有大片山野和湖泊来兴建皇家园林，满足他们夏天避暑的需要。海淀的湖光山色，自然就成了首选。他们在这里陆续兴建了园林，成就了"三山五园"（即今天香山、玉泉山、万寿山一带的圆明园等皇家园林）。

1749 年，乾隆皇帝为了庆祝母亲六十岁生日，对西湖进行了大规模治理，并于次年将其改名为昆明湖。还模仿杭州西湖，在湖中修筑了一条贯通南北的西堤。湖中挖出的泥土则堆筑在瓮山上，改名为万寿山。整个园林则名为清漪园。

1860 年，第二次鸦片战争中入侵北京的英法联军焚毁了圆明园与清漪园。1886 年，慈禧太后挪用海军经费重修了清漪园，并改名为颐和园。不料到了 1900 年，颐和园再次遭到八国联军的劫掠……昆明湖也因此见证了中国历史最屈辱的一页。

● **佛香阁**

佛香阁是今天昆明湖畔的标志性建筑，据说乾隆皇帝最初的规划是模仿长江中的金山寺建一座高塔。可是等到高塔快要竣工时，他发现塔身较细，视觉不够大气，就拆了重建为宽大的阁楼。

● **玉带桥**

玉带桥高出水面十多米，以便船只通行。乾隆皇帝从紫禁城去往西山时，就常常乘船经积水潭、长河到昆明湖，再穿过玉带桥，到达玉泉山。

● **石舫**

舫就是船。为什么要建一座石头船呢？设想一下，后妃和公主想体验乘船的乐趣，又担心风浪翻船，用石舫不就是两全其美了吗？

充满诗意的玉带桥

徐扬是乾隆时期最著名的宫廷画师，从他的《玉带桥诗意图》中，可以一窥乾隆皇帝修建的清漪园的概貌。画卷最右侧便是玉带桥。

万寿山

排云殿后面便是万寿山。万寿山是燕山的余脉，元朝时叫瓮山，山前湖泊自然就叫瓮山泊。乾隆皇帝为庆祝他母亲六十大寿将瓮山改名万寿山，并将拓宽山前湖泊挖出的土石按照园林的布局堆放在山上，使山体更显雄壮和对称。

大报恩延寿寺

再沿着桑苎（zhù）桥直行，就到了万寿山南侧。这里依山傍湖有一片壮观的建筑群。除了长廊，还有许多亭台楼阁掩映在树林中，这是乾隆皇帝为他母亲建的大报恩延寿寺。慈禧太后重建颐和园的时候将其改名为排云殿。

〔清〕徐扬《玉带桥诗意图》（局部）

桑苎桥

从玉带桥上下来，沿着西堤走到湖中间，就到了桑苎桥上。桥上有长方形桥亭，下有三个桥洞，因为附近有蚕户房等景点，乾隆皇帝将它命名为桑苎桥，后慈禧太后将它改名为豳（bīn）风桥。

玉带桥

玉带桥位于昆明湖西堤之上。玉带桥的桥身、桥栏选用青石和汉白玉雕砌，桥高出水面十米有余，圆拱高耸，曲线挺拔，桥身宛若一条玉带，因而得名。

水系相连：北海、中海与南海

俗话说："人往高处走，水向低处流。"昆明湖溢出的水，不断注入长河，流经紫竹院、西直门，汇入了北京城内的积水潭。

也不知道聪明的郭守敬，在 700 多年前怎么判断出瓮山泊（昆明湖）的海拔高于北京城，总之昆明湖的水，自然而然地滋养了北京城。北京城以前有"六海"的说法，其中西海、后海、前海在元朝时称为积水潭，是元朝大运河的北端点与漕运总码头。而北海和中海在元朝叫太液池，明朝以后又新开挖出了南海。

还记得那首歌吗？

让我们荡起双桨／小船儿推开波浪／海面倒映着美丽的白塔／四周环绕着绿树红墙……

这首歌唱的就是美丽的北海。

让我们来看看画中的北海吧！这一天，北京城下雪了，北海的水面上结了厚厚的冰，琼岛好像真的变成了仙山，山顶的白塔就好像仙人的葫芦一样可爱。

找一找，你能从大雪覆盖的画面里，找到著名的北海团城、北海大桥、文津街与牌坊吗？咦，北海大桥南边的冰面上，还有许多蚂蚁一样的小人儿。猜一猜他们在干什么。

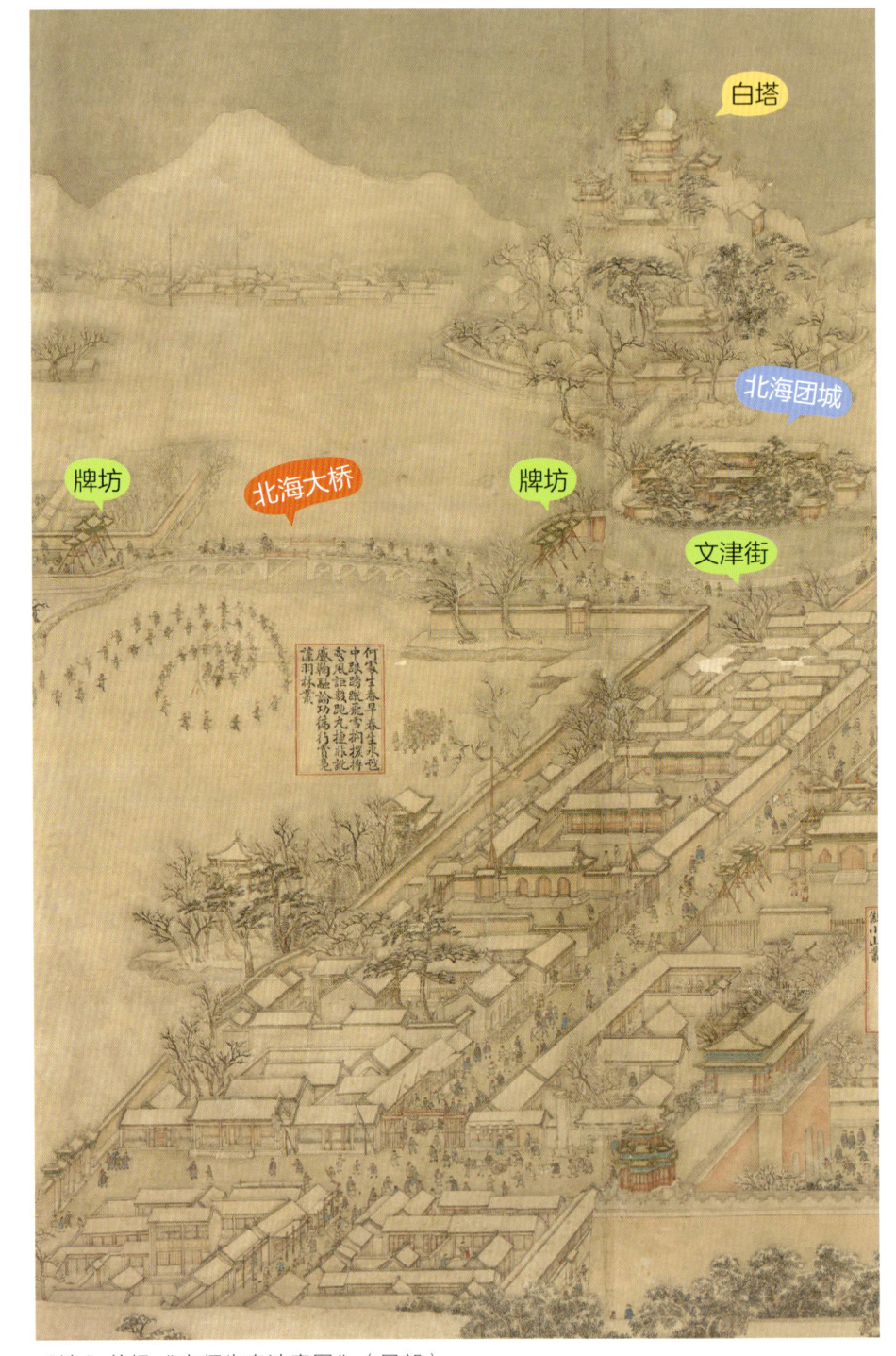

〔清〕徐扬《京师生春诗意图》（局部）

白塔

北海琼岛的白塔，是覆钵式塔，也称喇嘛塔，是藏传佛教独特的一种建筑形式，源自印度的窣（sū）堵坡。

北海团城

北海团城，原是湖中一个小岛。明朝时东南两面的湖水被填平，并用砖砌出个壁立千仞的圆形城墙，墙头还有锯齿样的"雉堞"。它号称"世界上最小的城堡"。

牌坊

北海大桥东西各有一座牌坊。牌坊，又名牌楼，是中国特有的门洞式建筑，常常用来标示地名或纪念人物与事件。

北海大桥

北海大桥原名金海桥，明朝时修建，是北海与中海的分界桥。桥体为九孔连拱，是北京城内最大的古石桥。

9

250年前的"冬奥会"：中南海的滑冰比赛

原来，北海大桥南边的冰面上，人们在滑冰呢！别忘了，清朝的统治者来自东北，冬天溜冰是他们的最爱。每年冬天，乾隆皇帝都会检阅八旗兵的"冰嬉"，可以说是那时候的"冬奥会"。

首先上场的是"走冰"，就是花样滑冰。队伍按八旗分为八队，在卷云式的旋转冰道上比赛。每队都有人扛着旗帜；还有人手持弓箭，射击"旌门"上悬挂的彩球（射中次数最多的队伍获胜）；也有人在冰面上表演各种"花样滑冰"——高难度的杂技。

走冰一结束，冰面清空后，北海大桥前，那一大群脚蹬冰刀、跃跃欲试的选手，就要开始比赛"短道速滑"啦。只待一声令下，他们就会起跑冲向1500米外皇帝的冰船，谁第一个到达那里，谁就能得到皇帝的奖赏！

古代的"短道速滑"比赛
北海大桥前，一群备场的速滑选手，脚蹬冰刀，跃跃欲试，只待一声令下后，他们就会冲出起跑点。

〔清〕张为邦、姚文瀚《冰嬉图》（局部）

弯弓射"旋门"
镶黄旗旗手后面的蓝衣运动员,正弯弓射向"旋门"悬挂的彩球。

皇帝的"裁判席"
黄色的豪华冰船,是皇帝专用的宝座,他正在里面欣赏"走冰"并等待速滑冠军的到来。

金水河环绕的紫禁城

我们再看看这幅鸟瞰北京城的名画《京师生春诗意图》。你发现了吗？有一长串建筑明显排列成一条直线，这是北京中轴线，是世界历史上最杰出的城市设计之一。

建筑学家梁思成曾经赞美这条中轴线：

全世界最长，也最伟大的南北中轴线穿过全城。北京独有的壮美秩序就由这条中轴的建立而产生。

这条中轴线，好似古都北京的脊梁，也是中国美学的象征符号。

你认得出这些古建筑吗？

从南往北，依次有：

来自昆明湖的水，流入中南海之后，被引入环绕紫禁城的金水河（俗称筒子河）。

为什么叫金水河呢？一来是有民间说法认为，这是流经皇宫的河，像金子一般尊贵；二来也透露了这条河的来源。古代的中国人认为方位与五行有对应关系：东属木、南属火、西属金、北属水、中属土。所有方位都可依此推衍，比如西北为金水、西南为金火。称为金水河就是说这条河是打西北流过来的水。

金水河分为两条：流经故宫太和门前内金水桥的是内金水河，流经天安门前外金水桥的是外金水河。你能在图上找到它们吗？

大栅栏 — 正阳门 — 大清门（今天毛主席纪念堂的位置）— 天安门 — 端门 — 午门 — 太和门 — 太和殿（举行重大仪式的地方）— 神武门 — 景山万春亭

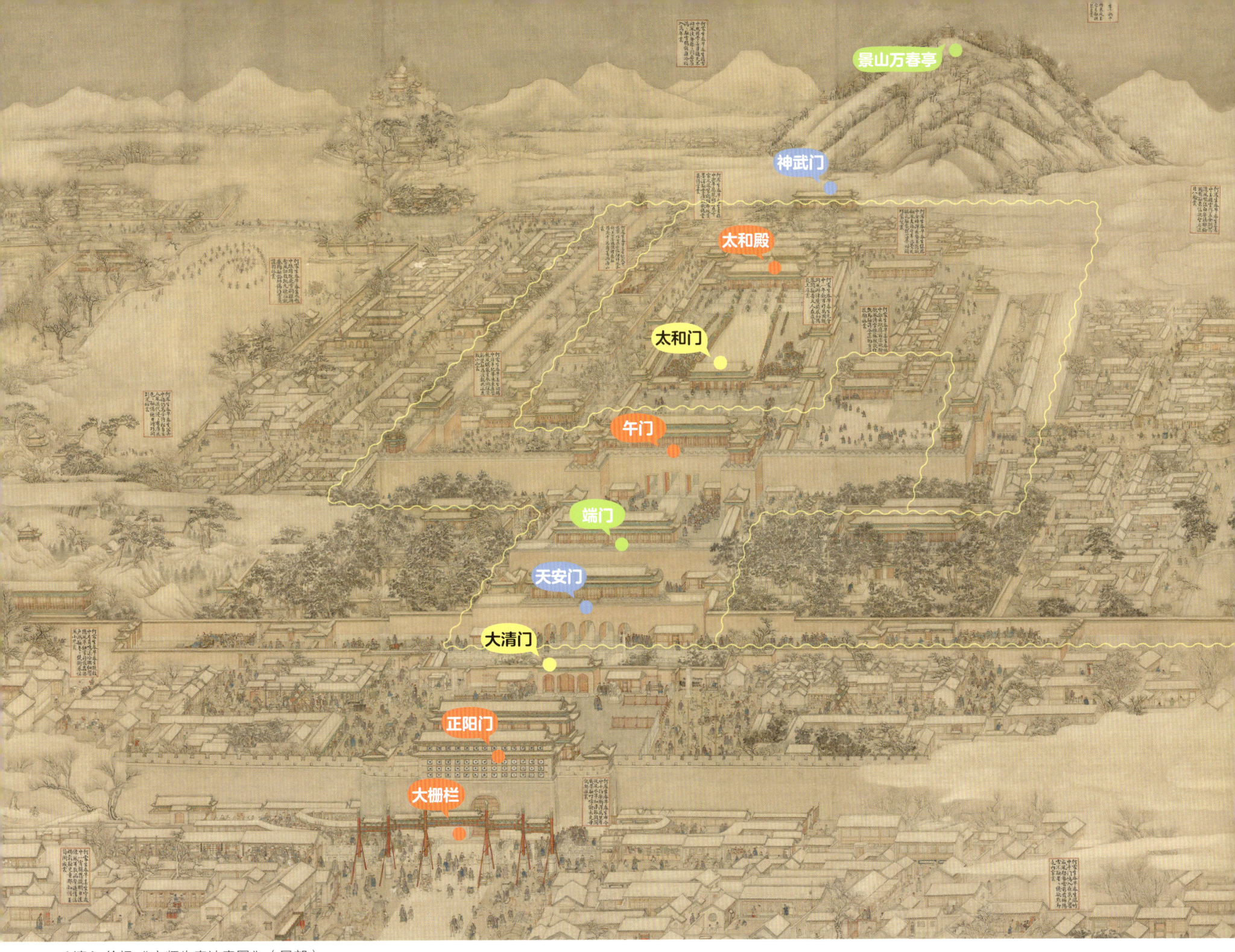

〔清〕徐扬《京师生春诗意图》（局部）

一整个冬天，乾隆皇帝几乎都待在紫禁城里。他穿着厚厚的貂皮大衣，坐在最大的交椅上，看雪景，听鞭炮声，心里想着：等到春天来了，一定要沿着大运河下江南，出去玩一玩！

〔清〕佚名《万国来朝图》（局部）

大通桥：大运河的北端终点

穿过天安门前的外金水桥，金水河从紫禁城的东南角流进了菖蒲河。菖蒲河向南汇入北京城南的护城河之后，终于从东便门外的大通桥流入了通惠河。

明朝之后，由于紫禁城的兴建与北京城扩大，大运河的船只不能再驶入城内积水潭。因此，东便门外的大通桥，就成了明清时期大运河的北端终点与漕运总码头。通惠河正是连接大通桥与通州之间的大运河北段。

冬天的大雪渐渐融化，终于等到了春暖花开、桃红柳绿的时节，我们一起出发，沿着大运河下江南！

〔清〕佚名《通惠河漕运图》（局部）

第二站
天津

香河

温榆河

廊坊

通州

张家湾

〔清〕佚名《彩绘运河风光图卷》（局部）

北京　天津　德州　泰安　淮安清口

大运河流经路线
北运河（潞河）

借道温榆河，下江南！

大运河流淌到通州后，借道温榆河，曲曲折折一路南下，最后在天津与海河相汇。这段大运河称为北运河（古称潞河）。

为什么要借道呢？因为大运河其实是一条"连接河"。京杭大运河全长达1747千米。但这些河道却并非完全由人工开挖而成。那些总体上东西走向的"横河"，也常常有南北走向的河段或支流；而在大河之间，还有众多星罗棋布的湖泊，像珍珠一样散落在大地之上。聪明的古代工程师就会因地制宜，用大运河这条"线"，把那些南北走向的河段与其间的湖泊等"珍珠"串起来。这种"借道"模式不仅大大减少了大运河的开挖工程，还从江河湖泊中源源不断地"借水"，保证了大运河中的水流不会枯竭。

这段运河河道变窄，有时只能几条船并行。如果用桨，每划一次都要拿出水面，比较占空间，船桨可能会互相"打架"。这时候橹就派上了大用场，古人有"一橹三桨"的说法，就是说一支橹抵得上三支船桨！

谁发明了船橹？
相传橹是由中国古代发明大王鲁班发明的，因此得名。使用橹时只需要在船尾摇动，它就像鱼尾巴一样左右摆动，并不离开水里，所以占的空间很小，完全不会影响多船并行。

扬州　　瓜洲　　苏州　　杭州

运河上的码头

随着长卷画《潞河督运图》的徐徐展开，天津段的大运河（也就是潞河）映入了我们的眼帘。潞河是元明清三朝中国北方最重要的交通要道。只见大运河的码头边，停靠的船只樯橹如林。两岸的商铺、酒馆、官署、民房鳞次栉比。众多商贾、官吏、船工和居民往来奔走，一派繁荣景象。

刚才我们讲到了可以像鱼尾巴一样在水里左右摆动的船橹。你能在图上找到摇橹的人吗？

双桅大船

乘坐这样一艘宽敞的双桅大帆船下江南，自是极好的。

〔清〕江萱《潞河督运图》（局部）（天津津沽记忆博物馆供图）

官衙码头

官员从专用码头上登船,监督检查运河的交通运输状况。

岸边的官署

官署照壁上"日出大海"的图案,寓意正大光明、河清海晏(天下太平)。

轿子与马

码头上等待客人的轿子与快马,是古代的"出租车"。

运河上的"豪华旅行团"

- 上岸后,如果嫌轿子太慢或太闷,还可以快马扬鞭。
- 如果遇风浪或晕船,可以上岸坐轿子。
- 嫌不够威风,两侧的船上鸣锣"肃静"。
- 主人乘坐的雕梁画栋的豪华大船。

〔清〕江萱《潞河督运图》(局部)

- 手持短刀、长刀的护卫显示主人的威风。 
- 鸣锣开道船，提醒前面的船只"回避"。

此时，一支拥有大大小小至少9条船的船队，浩浩荡荡地离开了码头，沿着潞河开始下江南。

最前面的船负责鸣锣开道，大张旗号与仪仗，提醒前面"军民人等速速回避"；随后两条船，载着手持短刀、长刀、伞盖、羽扇的卫兵与仆从。

接下来，船队主人的豪华大船隆重出场，只见船头有"肃静""回避"的对牌与枪戟旗幡等仪仗，船舱宽大敞亮、雕梁画栋，十分漂亮，几位官员坐在窗边欣赏运河两岸的风景。

大船侧后是一条备用的救生艇，还有两条鸣锣护卫的船只紧紧相随。

你以为船队到此结束了？没呢！一条载着轿子的船跟了上来。后面还有一条船，甚至载着两匹骏马！

原来啊，古代大官出行，即使是乘船，也会备马备轿。根据天气、路况或心情，更换交通工具。如果水上起了风浪，他就会弃船登岸坐上轿子走陆路；如果嫌轿子太慢或太闷，他还可以骑上骏马，策马扬鞭，好不快活！

运河上的"红绿灯路口"

运河上有座浮桥,浮桥由十几节平板船拼成,船的两头加装了护栏,防止行人落水。

浮桥很宽,有人在浮桥的两边摆摊设点,吆喝起了买卖。你看见了吗?甚至有人在桥上搭起帐篷,变成临时商铺,可见他生意做得不小!

可是浮桥阻断了船只的通行,这可怎么办?不要着急,每隔一段时间,有专人将浮桥的几节平板船解开,移到浮桥一侧。这样一来,浮桥就打开了一个豁口,两边排队等候的船,就会迅速鱼贯而过。等这批船通行完毕,浮桥再恢复拼接,行人就可以接着通行。这是不是有点像是运河的"红绿灯路口",大家默契礼让、你来我往,

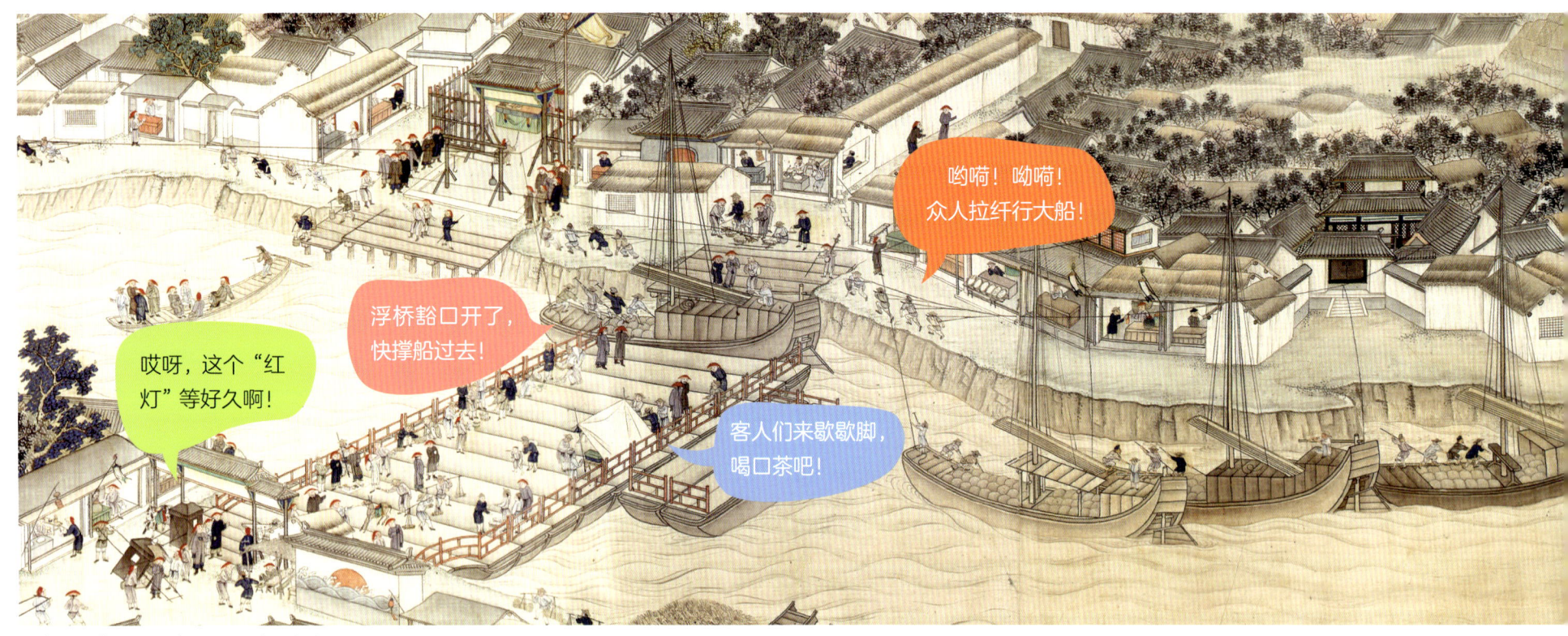

哟嗬!哟嗬!众人拉纤行大船!

浮桥豁口开了,快撑船过去!

哎呀,这个"红灯"等好久啊!

客人们来歇歇脚,喝口茶吧!

〔清〕江萱《潞河督运图》(局部)

维持交通秩序。

细心的你有没有发现？此时运河上的船都没有升起帆，桅杆上光秃秃的，那怎么获取动力呢？你再看岸边小路上，是不是有许多纤夫，他们正喊着号子，用力拉船呢？还有船上的船夫，也一个个半蹲着使劲撑船，真有"众人拉纤行大船"的架势。

再往前，在运河的北岸，还有一座很大的转运仓库，搬运工们将一包包货物（粮食、食盐等）从盖着席子的货堆中抬出来，整整齐齐码放到船上。

仓库的对岸，是海河河口的制高点，那里建有一座军事防卫用途的碉堡炮台，炮台下是用于维修船只的船坞。

你看，盖着席子的就是转运仓库，堆积的货物像山一样高！

转运仓库开门了，把货物搬上船吧！

第三站
德州

〔清〕佚名《彩绘运河风光图卷》（局部）

北京　天津　德州　泰安　淮安清口

九达天衢

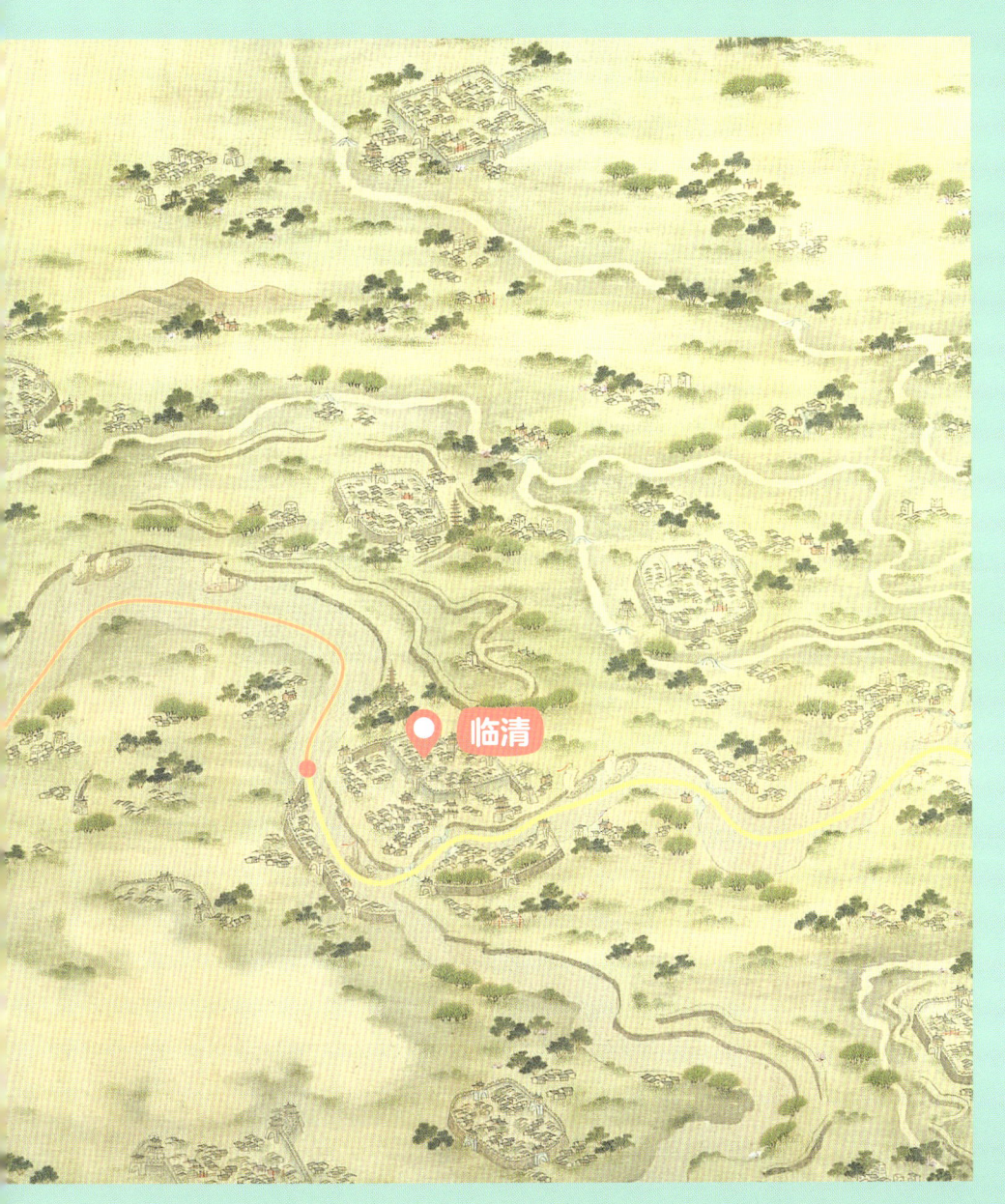

离开天津往南，京杭大运河将经过河北沧州、山东德州，到达山东临清。这一段大运河，人们习惯称之为南运河。

提到山东德州，大家可能首先想到的是一道美食——德州扒鸡，对其他方面知之较少。

其实在大运河兴盛的时候，尤其是元朝定都北京（大都）之后，德州可是全国的交通枢纽，从南方去北京，无论走陆路还是走水路，这里都是必经之地。不管是东南方向的江苏、浙江、安徽、福建、广东，还是中南方向的江西、湖南、湖北、河南，都会沿着大运河走到四大漕运码头之一的德州歇脚。你数一数是不是有九个省？所以德州当时与汉口并称为"九省通衢"。衢的意思是大路，就是说九省大路都通着德州呢。

德州的运河古桥广宁桥旁，还建有一座"九达天衢"的古牌坊。

这里的河道为什么弯道特别多？
这段大运河的河道蜿蜒曲折，其实有些是专门设计的，因为弯曲的河道可以减缓运河的坡度，防止河水流速过快。运河水位和流速的调节通常由水闸来实现，但这些人工设计的弯道也起到了相同作用，因此就有了"三弯抵一闸"的说法。

德州城中看戏

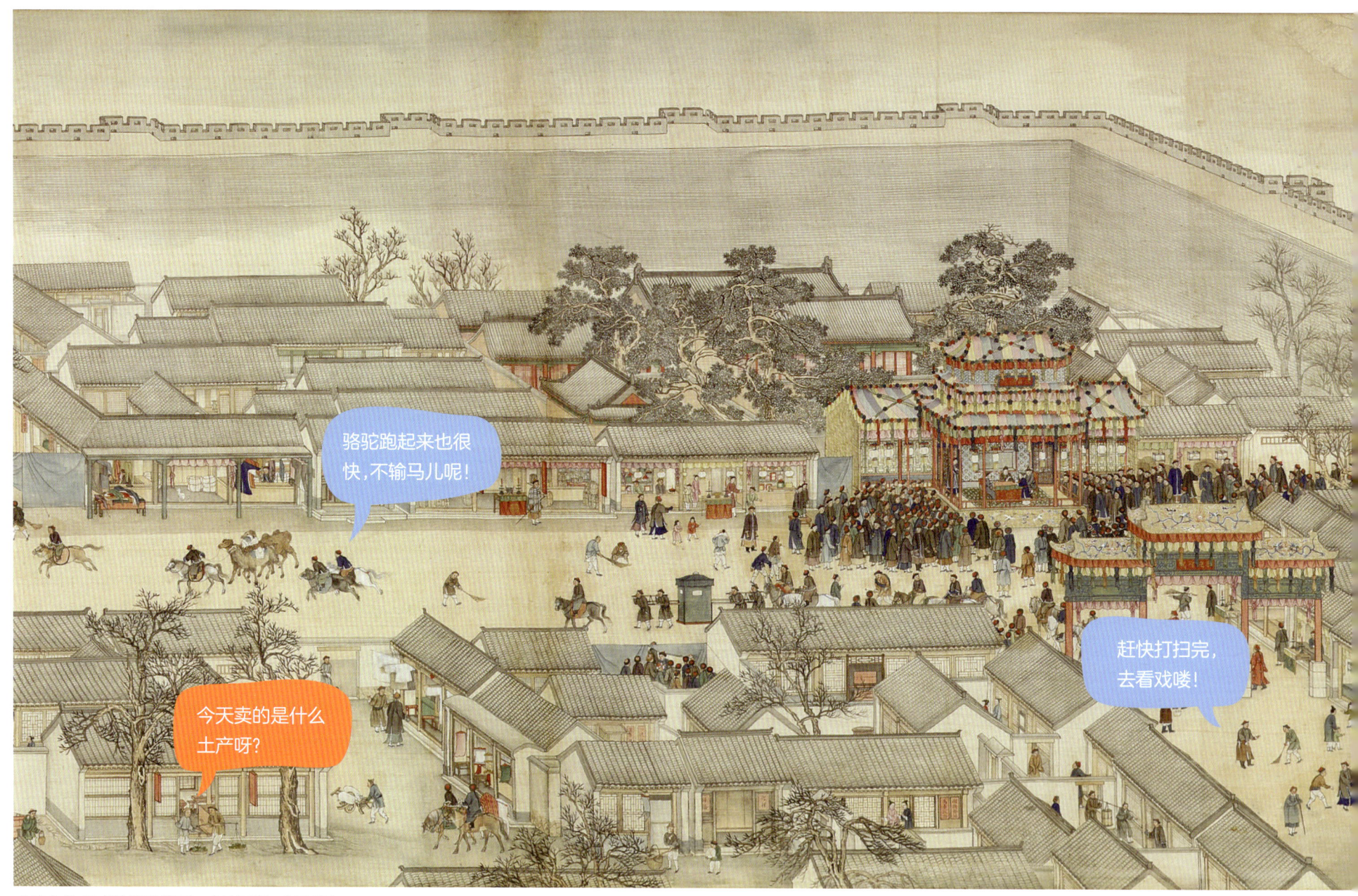

〔清〕徐扬《乾隆南巡图·过德州》（局部）

画面是清朝时德州的一角,城内密密麻麻的四合院,一座连着一座,正好遇到喜庆的日子,人们把大街洒扫得干干净净,还搭起了五彩戏台。前来看戏的人们,围得里三层外三层,好不热闹!

城墙上面的城楼,和北京的正阳门(前门)几乎一样,是高规格、附带瓮城(双重城门)的重檐(两层屋檐)歇山顶建筑。城外远处,大运河蜿蜒而过。

德州郊外

德州位于黄河冲积平原，历史上黄河数次大改道、数百次决口，造就了德州西南高东北低的地势，以及岗、坡、洼相间的地形。

由于中国北方的雨季主要集中在夏秋时节，雨季时河水暴涨，也就是汛期。为了避免汛期大运河决堤造成水灾，人们还在运河边开挖了一些用于泄洪的"减河"，让可能溢出河堤的洪水可以迅速分流。画面远景中密布的水洼，就是德州城外减河排涝所形成的。

这样的冲积平原也有一大好处，就是土地格外肥沃，画面近景的村庄中，麦垛堆积如山，一支车队正好经过村庄。你看，古代陆路运输很不容易，数十匹马、一大队车的运力，可能还不如一艘大运河上的漕船。

马上到德州城啦！

外面好热闹啊，我们去看看吧！

〔清〕徐扬《乾隆南巡图·过德州》（局部）

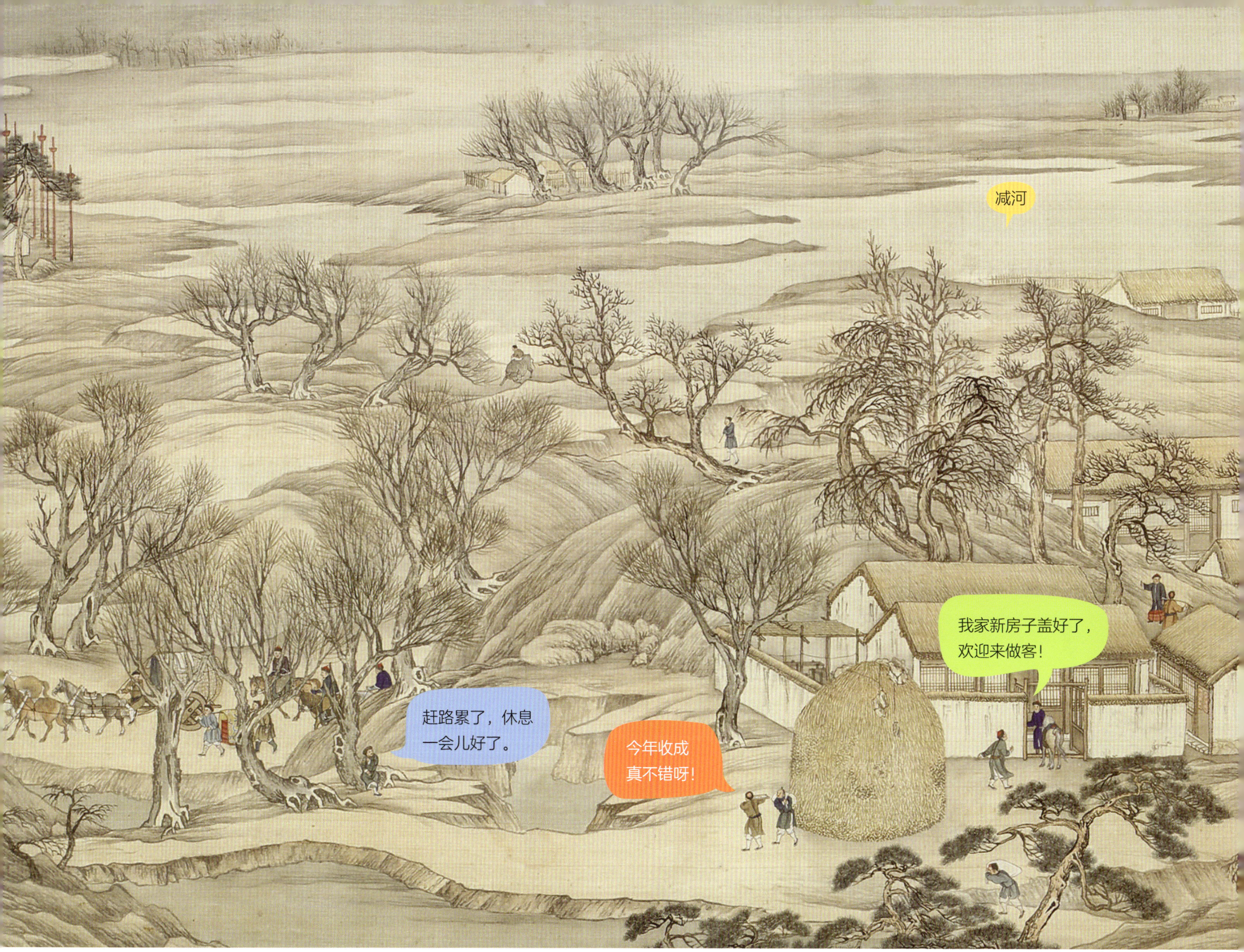
减河
我家新房子盖好了，
欢迎来做客！
赶路累了，休息
一会儿好了。
今年收成
真不错呀！

第四站 泰安

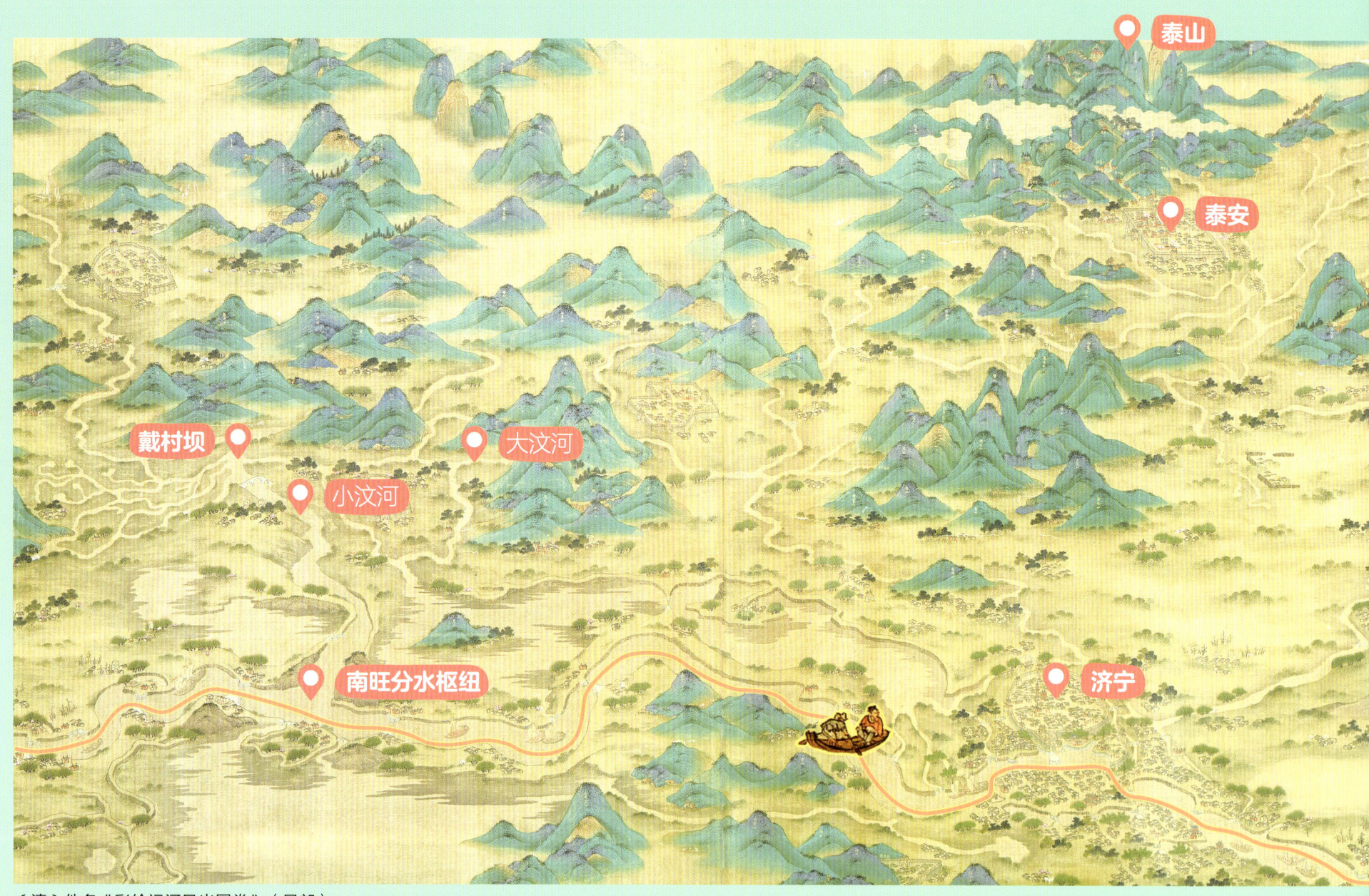

泰山

泰安

戴村坝

大汶河

小汶河

南旺分水枢纽

济宁

〔清〕佚名《彩绘运河风光图卷》（局部）

30　北京　　　　天津　　　　德州　　　　泰安　　　　淮安清口

大运河之心

大运河流经路线
鲁运河（会通河）

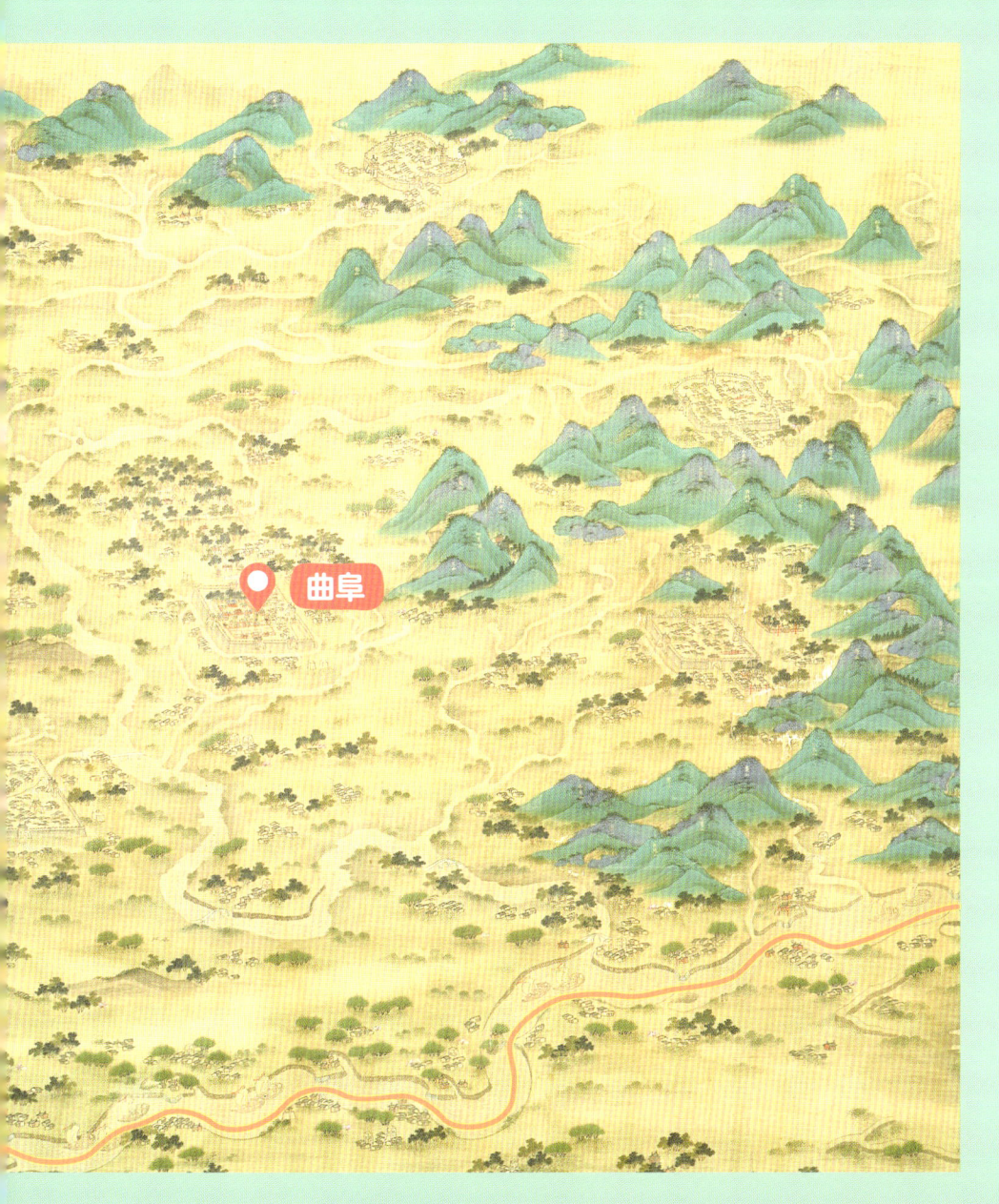

曲阜

京杭大运河经过山东临清之后，进入丘陵地带，起伏的山峦明显密集起来。画面的最上方，大汶河流经的，正是闻名天下的东岳泰山。泰山被古人视为"直通帝座"，有"泰山安，四海皆安"的说法，是帝王告祭的神山。自秦始皇到清朝乾隆皇帝，先后有13位帝王亲登泰山封禅或祭祀。

从临清，经济宁到台儿庄，这一段大运河也叫鲁运河、会通河，是京杭大运河全线海拔最高、地势落差最大的河段。为了控制水位与流速，这段运河中的船闸特别多，所以也被人们称为"闸河"。

经过会通河这一段时，我们会不断听说"戴村坝"以及"南旺分水"这两个水利工程。它们所在的泰安被称为"大运河之心"！那里是怎么回事呢？

河道地势落差太大，船怎么通行？
根据史料记载，五代时后周官员乔维岳在大运河上修筑了中国最早的复式船闸，解决了河段地势落差太大导致船只无法直接通航的难题。复式船闸有两个闸门，两闸之间叫作闸室。通过控制两个闸门的开合，就能调节水位高低，让船只顺利通过。

扬州　　瓜洲　　苏州　　杭州

戴村坝与南旺分水

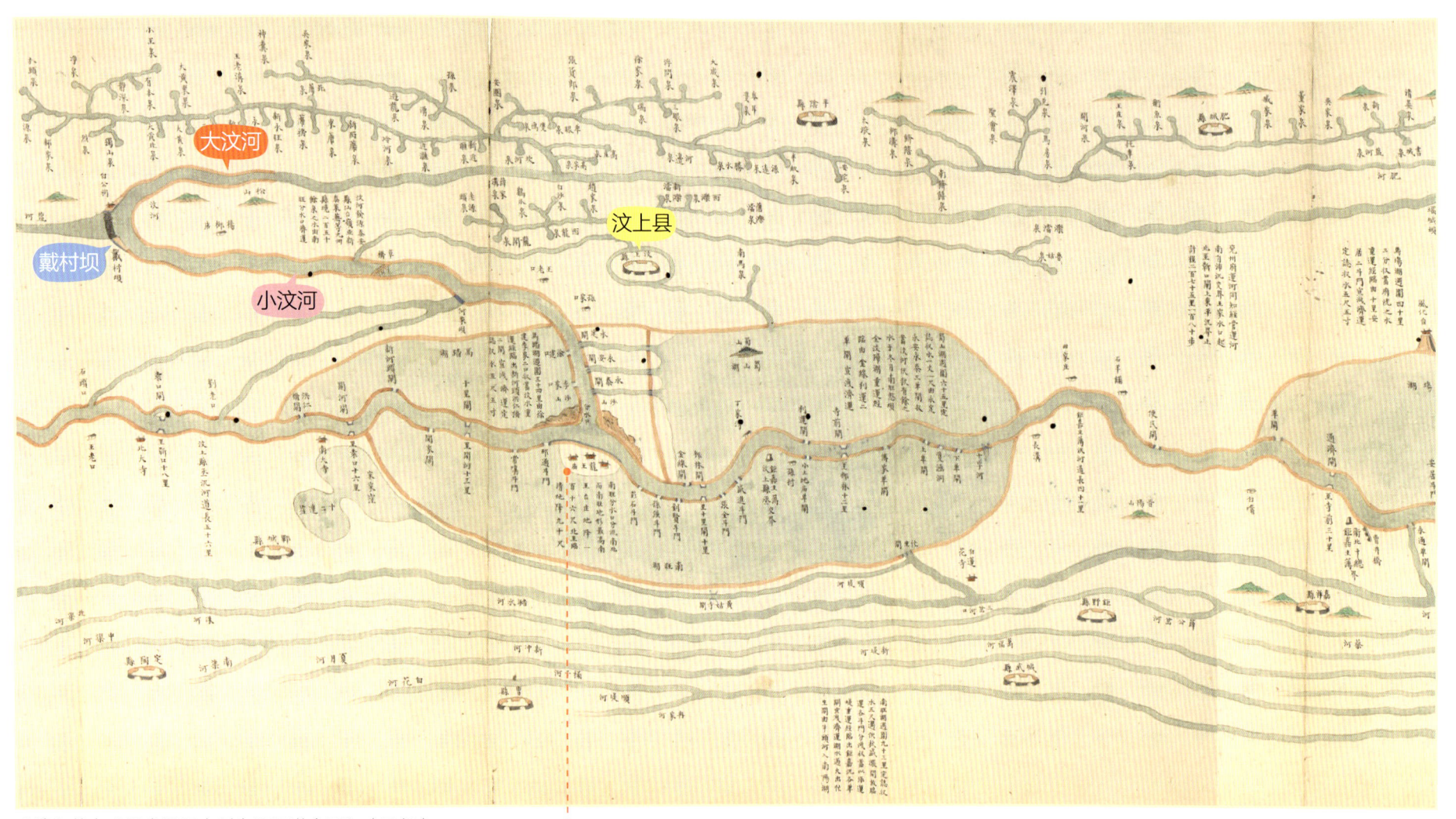

[清] 佚名《四省运河水利泉源河道全图》(局部)

● **汶上县南旺分县**

南旺分水是可与都江堰媲美的水利工程，通过引水、蓄水、分水、节水等一系列设计，成功克服了缺水问题。这个工程非常重要，明朝时专门设立了汶上县南旺分县，县衙就建在这龙王庙的旁边呢！

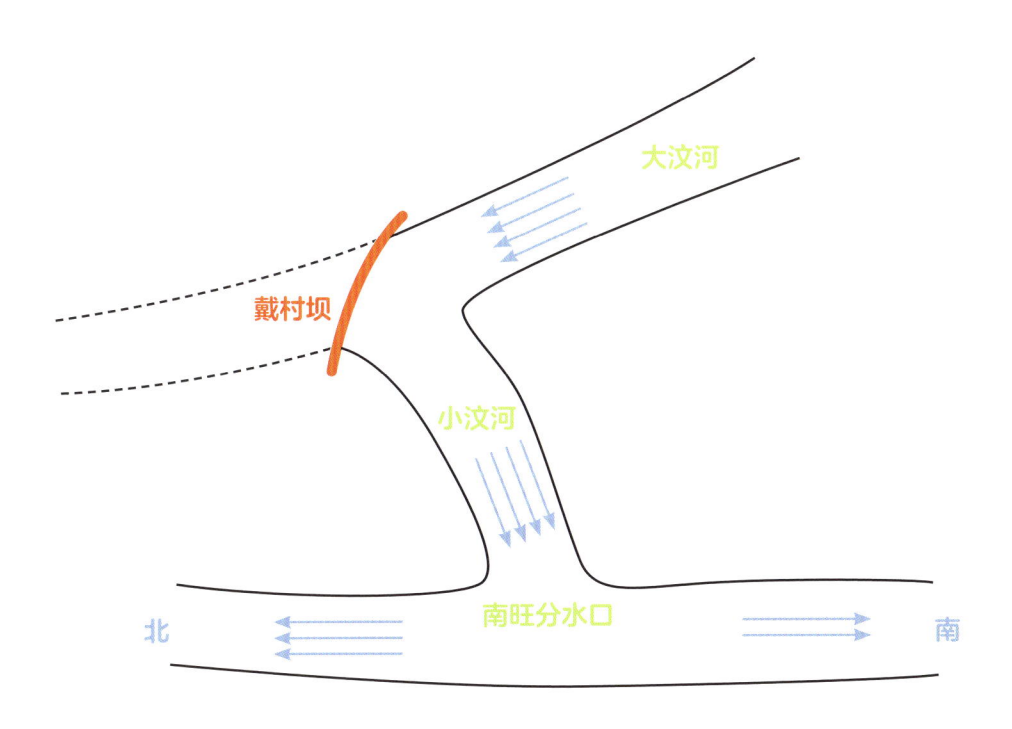

南旺分水水利枢纽工程示意图

原来明成祖朱棣从南京迁都北京后，得知由于泥沙淤积，大运河航运经常中断。为了保持南北"生命线"畅通，明成祖派出工部尚书宋礼，率领13万民夫疏通大运河。可是河道挖成后，水量却不够。宋礼心急如焚，幸好遇上了一位"江湖高人"——汶上老人白英。

白英这位民间水利专家给宋礼的建议是"遏汶济运"：在戴村建坝拦住大汶河，再通过新开挖的小汶河将水引到附近最高点南旺，利用地势分水，即所谓"南旺分水"。

"七分朝天子，三分下江南"，就是说七成的水流向北边临清，三成的水流向南边济宁。这一下就解决了大运河缺水的问题，保障了后来500年的漕运畅通。因此戴村坝在世界水利史上非常著名，与四川都江堰齐名为"中国第一坝"，现在也是世界文化遗产之一。

登泰山而小天下

既然到了泰安附近，东岳泰山就在不远处了呢！何不暂时离开运河，乘兴策马去朝拜一下这座"五岳之尊""天下第一山"？亲身体验一番杜甫所描述的：

岱宗夫如何？齐鲁青未了。
造化钟神秀，阴阳割昏晓。
荡胸生曾云，决眦入归鸟。
会当凌绝顶，一览众山小。

〔清〕王翚《康熙南巡图·济南至泰安》（局部）

> 既然到了泰安，一定要来登泰山。

十八盘的尽头是南天门，在神话世界中，南天门是天界的入口。

泰山十八盘的石阶有1600多级呢。

今天又在做法事了。

这寺庙香火真旺呀！

第五站 淮安清口

〔清〕佚名《彩绘运河风光图卷》（局部）

北京　天津　德州　泰安　淮安清口

大河向东流

大运河流经路线
中运河

　　经过微山湖之后，大运河离开了山东地界。从台儿庄往南到江苏淮安这一段大运河也叫中运河。经过江苏宿迁后，我们就要渡过黄河，到达淮安的清口了。

　　咦，地理书上不是说黄河在山东就东流入海了吗？怎么跑到南边江苏来了呢？说起来，历史上的黄河真像一个顽皮的小朋友，动不动就闹决口、变河道，四处流窜、为患中原，愁死了沿河地区的老百姓和地方官。

　　宋朝以前，黄河确实是从山东流入渤海。但宋朝时，黄河在河南两次大决口，从此分流为南北两支。南边这支主流，抢了泗水的河道后，往南跑到江苏淮安的清口汇入淮河。明朝之后，北边那支逐渐断流，黄河之水就全部抢夺淮河的河道流入黄海。如此，明清时期，淮安清口就是京杭大运河与黄河、淮河的交汇处，也是当年南北交通的咽喉要冲。直到 1855 年，黄河在河南兰阳（今兰考）再次大决口，才重新回到山东入渤海。

淮安

高家堰

淮安为什么被称为"运河之都"？
明清两朝管理漕运的最高机构都设在淮安；当时最大的税务局"淮安钞关"也在这里，专门负责征收船税。繁忙的交通与商业使得淮安成了当时的"不夜城"。2008 年，淮安被授予"运河之都"的称号。

扬州　　瓜洲　　苏州　　杭州

黄河远上白云间

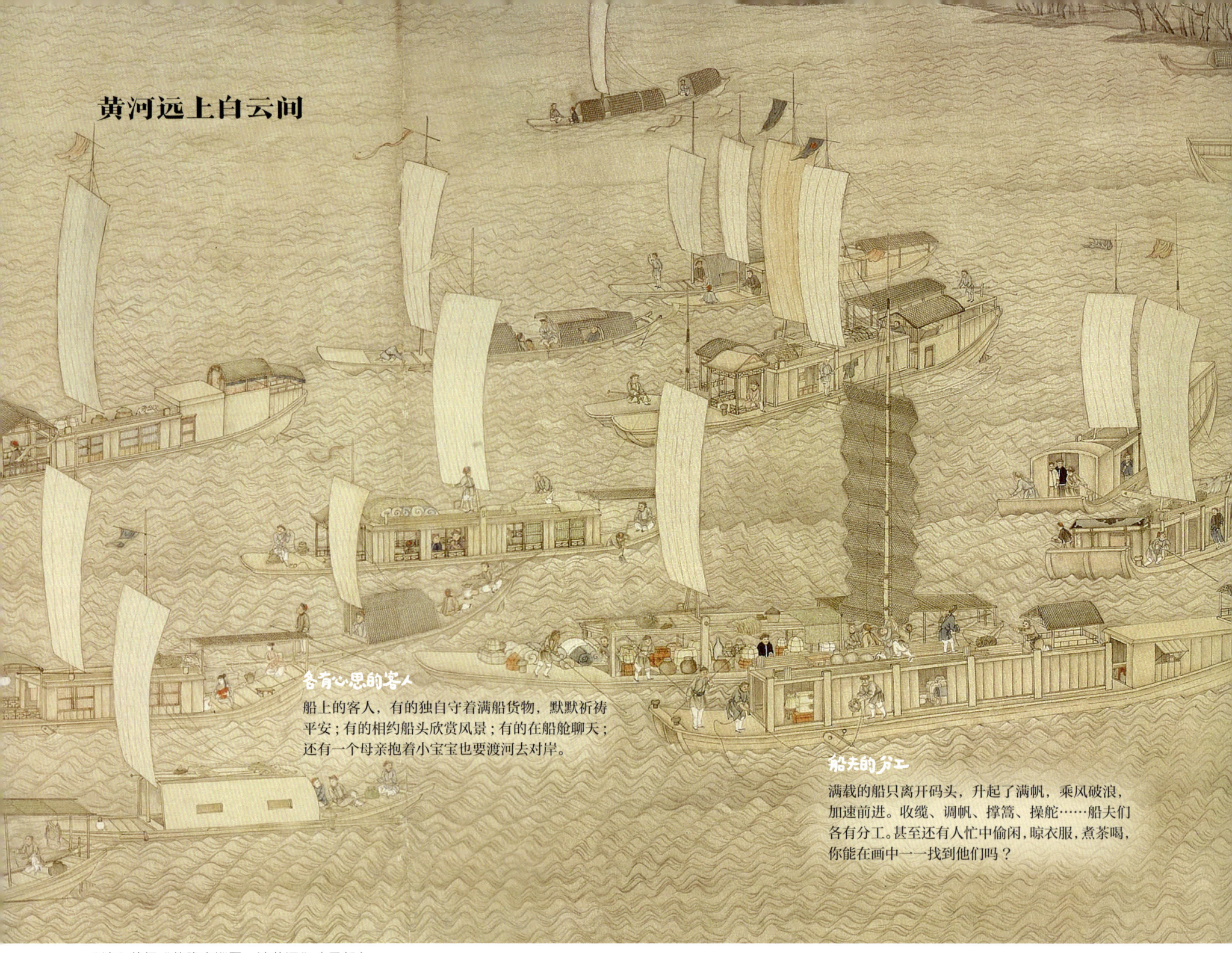

各有心思的客人

船上的客人，有的独自守着满船货物，默默祈祷平安；有的相约船头欣赏风景；有的在船舱聊天；还有一个母亲抱着小宝宝也要渡河去对岸。

船夫的分工

满载的船只离开码头，升起了满帆，乘风破浪，加速前进。收缆、调帆、撑篙、操舵……船夫们各有分工。甚至还有人忙中偷闲，晾衣服，煮茶喝，你能在画中一一找到他们吗？

〔清〕徐扬《乾隆南巡图·渡黄河》（局部）

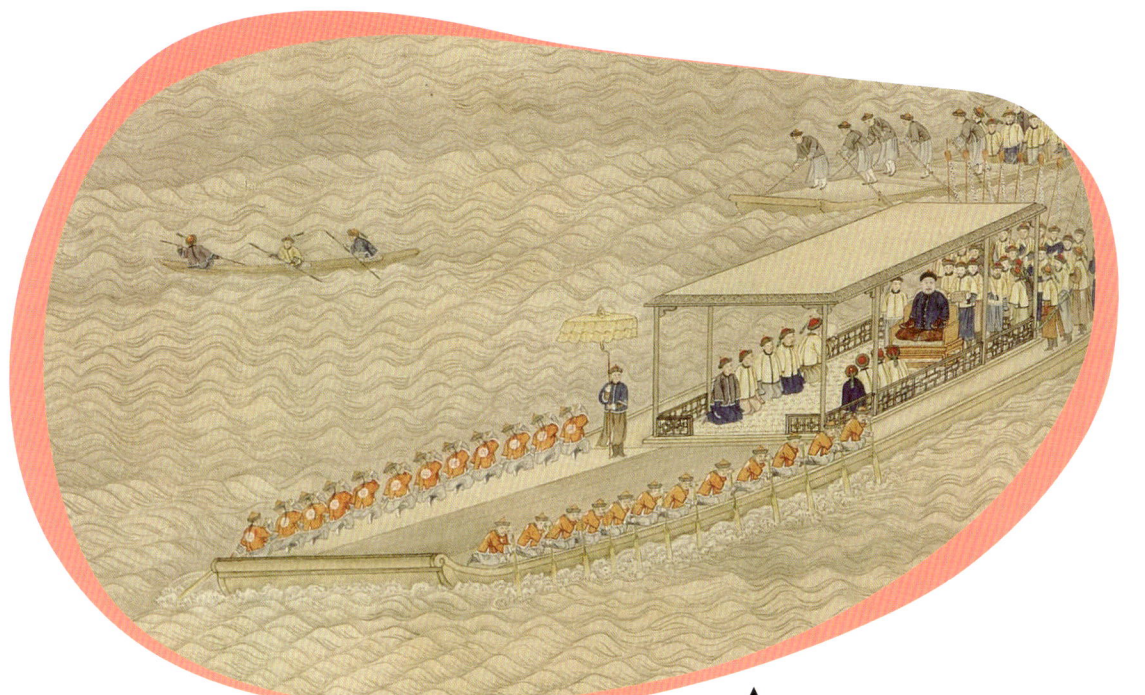

乾隆渡河

当年乾隆皇帝下江南，也曾在此渡过黄河。你看他坐在宽大的御船中，众多随从前呼后拥。因为有"主角光环"，他比别人都要大一圈。

▲〔清〕徐扬《乾隆南巡图·渡黄河》（局部）▼

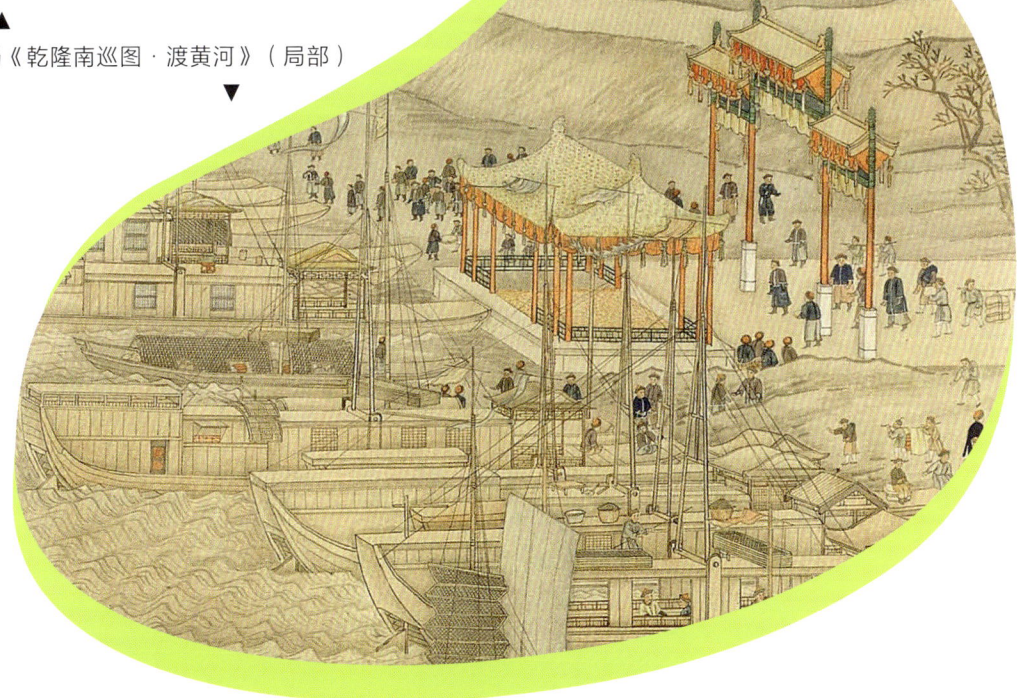

黄河渡口

南来北往的行旅与商贩，都要渡过黄河才能继续前行。渡口的船只舳舻相接，排得密密麻麻，一眼望不到头。

清口：黄河、淮河、运河的交汇处

这里就是清口——黄河、淮河与运河三条水系交汇处。每到汛期，黄河水必然逆流涌入清口，倒灌洪泽湖与淮河，造成黄、淮、运变成一片汪洋。等到旱期，黄河沙又会淤积堵塞运河的河道。明清时期，为保证大运河的漕运畅通，治黄、治淮、治运的工程都集中在清口。乾隆皇帝下江南时，也曾亲临此地视察。

引河
人们开挖引河，逐级修建水闸，将淮河水引入大运河。

〔清〕徐扬《乾隆南巡图·阅视黄淮河工》（局部）

"蓄清刷黄"的治理策略

人们利用淮河海拔高于黄河的自然地势，采用"蓄清刷黄"的策略：通过修筑高家堰水坝，进一步提高洪泽湖与淮河的水位，这样淮河水就可以从闸口直泻而下，冲入黄河。这样一来，也就解除了黄河在汛期倒灌洪泽湖与淮河的危险。

淮河水清，黄河水黄，我们从画面中可以清楚地看到"清黄交汇"的奇观。

修筑高家堰水坝

黄河

淮河

41

中国古帆

〔清〕徐扬《乾隆南巡图·阅视黄淮河工》（局部）

一路走来，运河上遇见的船只都不算太大。不过到了黄河或长江，大型的中国传统帆船就随处可见了。中国传统帆船有什么特别之处呢？

首先是"帆席"。和西方帆船使用布做的软帆不同，中国古代船帆一般是类似竹席编织的硬帆。李白诗中说：

明朝挂帆席，枫叶落纷纷。

帆席就是像席一样的帆。停泊时一块一块折叠起来，起航时再悬挂。硬帆有收放快捷、操作简单、风力利用率高等很多优点。

靠岸了，把帆席叠起来吧！

挂上帆席，起航喽！

其次是"可眠桅"。就是桅杆的底座装有转轴，可以随时将桅杆竖起或放倒。船只经过桥梁或遇上大风大浪时，会更方便和安全。五代、宋初画家郭忠恕所作的名画《雪霁江行图》中就画得清清楚楚。

可眠桅的底座装有转轴

〔五代、宋初〕郭忠恕《雪霁江行图》（局部）

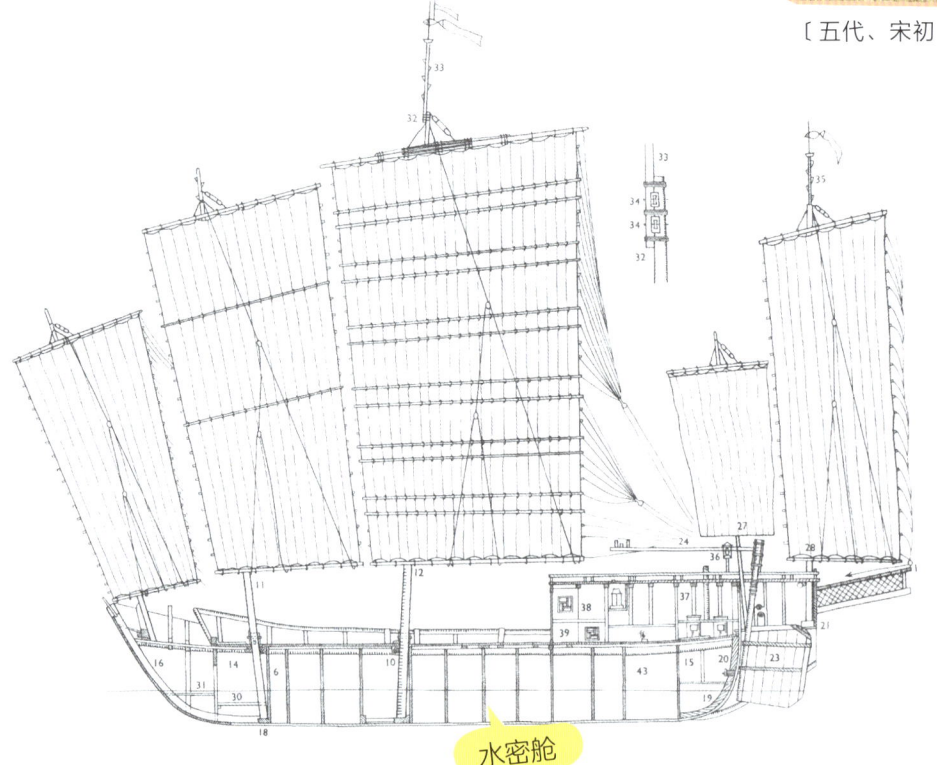

此外还有"水密舱"。北宋后的大型船舶普遍采用，就是用木板把船舱分隔成多个互不相通的密封舱。航行途中，就算有一两个船舱破损进水，船也不致沉没。《马可·波罗游记》中也专门记述了水密舱的安全性。

水密舱

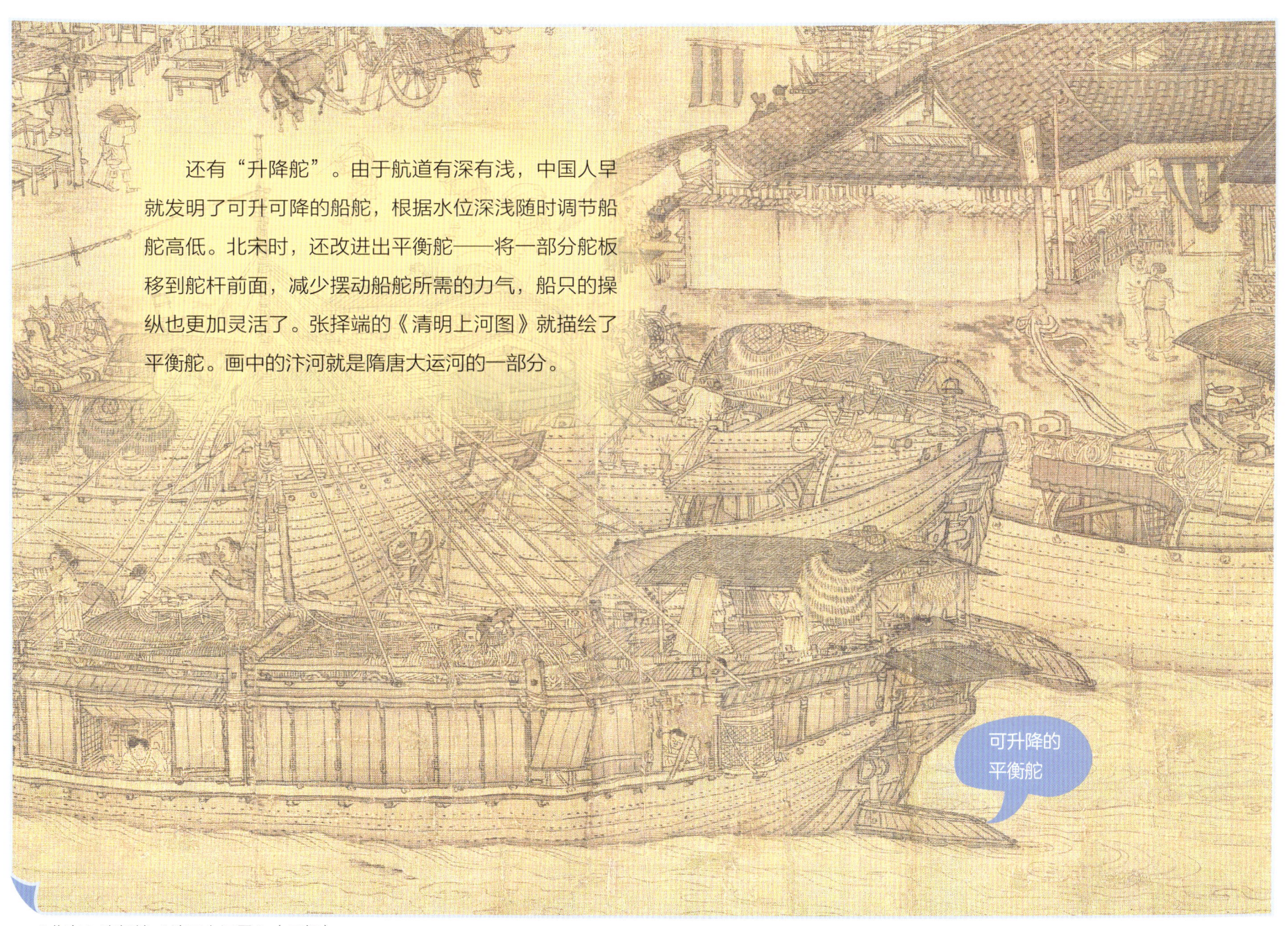

还有"升降舵"。由于航道有深有浅，中国人早就发明了可升可降的船舵，根据水位深浅随时调节船舵高低。北宋时，还改进出平衡舵——将一部分舵板移到舵杆前面，减少摆动船舵所需的力气，船只的操纵也更加灵活了。张择端的《清明上河图》就描绘了平衡舵。画中的汴河就是隋唐大运河的一部分。

可升降的平衡舵

〔北宋〕张择端《清明上河图》（局部）

第六站 扬州

高邮 · 湖堤纤道 · 高邮湖 · 扬州 · 瓜洲古渡 · 长江

〔清〕佚名《彩绘运河风光图卷》（局部）

北京　天津　德州　泰安　淮安清口

大运河第一城

大运河流经路线
淮扬运河（里运河）

春秋末年，吴王夫差想攻打北方的齐国，扩展自己的势力范围，但却遇到了困难。因为长江与淮河都是从西流向东边大海，两河之间没有任何交流，江淮之间也无法通航运兵、运粮。这对于出远门多要依靠水路的古代人来说，无疑是一个大麻烦。

根据《左传》记载，公元前486年，吴王夫差调遣大批民夫修建了邗城（后来的扬州）、开挖了邗沟，打通了长江和淮河之间的航运。自此以后，吴国的军队就可以从长江通过邗沟直接进入淮河，从水路进兵中原。

邗沟在今天叫作淮扬运河、里运河，是我国，也是世界上有明确纪年的第一条大型人工运河。它的开凿，大大便利了南北沟通，也为后来的大运河奠立了基础。扬州也因此被人们称为"大运河的发祥地""大运河第一城"。

焦山　金山寺　京口　镇江

湖上行船有什么特别之处？
大运河常常直接借用天然的湖泊行船，但湖泊上风浪比较大，常常面临着翻船等风险。于是人们就在湖中修建湖堤，把运河与湖面分开来。这样不仅隔离了湖上的风浪，同时湖堤还可以成为纤道，方便纤夫们在堤上行走拉船，在无风时给船只提供动力。画面左上方，就可以看到高邮湖中的湖堤纤道。

扬州　瓜洲　苏州　杭州

烟花三月下扬州

提起千年古城扬州，你有没有想起很多关于扬州的绝唱？

李白的《黄鹤楼送孟浩然之广陵》：

故人西辞黄鹤楼，烟花三月下扬州。
孤帆远影碧空尽，唯见长江天际流。

张祜的《纵游淮南》：

十里长街市井连，月明桥上看神仙。
人生只合扬州死，禅智山光好墓田。

杜牧的《赠别二首》：

娉娉袅袅十三余，豆蔻梢头二月初。
春风十里扬州路，卷上珠帘总不如。

扬州的美丽，因为这些绝妙好诗词，永久地留在人们的记忆里。

画面为清朝画家袁耀的作品《邗江胜览图》，画家采用45度俯瞰的视角，从右侧熙春台开始，经二十四桥，将古扬州城为瘦西湖环绕的景物尽收眼底。

瘦西湖原是保障湖，因河道曲折开合、清瘦秀丽有如长湖，人们将它与杭州的西湖相媲美，于是就有了瘦西湖这个名字。

二十四桥是瘦西湖乃至扬州的标志性建筑，此桥不知引发了多少人的联想，比如唐朝杜牧的《寄扬州韩绰判官》，至今脍炙人口：

青山隐隐水迢迢，秋尽江南草未凋。
二十四桥明月夜，玉人何处教吹箫。

〔清〕袁耀《邗江胜览图》（局部）

扬州的四季美景

扬州的春夏秋冬又各有什么样的美丽景色呢？让我们通过清朝画家袁耀的《扬州四景》来一饱眼福吧！

春台明月

远处一轮明月高悬，熙春台檐牙高啄。台内灯光如昼，台外玉兰花开。瘦西湖边杨柳依依，三三两两的游船华灯高悬。船上游人或抬头望月，或举杯畅饮，正是"浮生若梦，为欢几何？何不秉烛夜游？"的阳春烟景。

平流涌瀑

山坡上青松挺拔，湖岸边树木苍翠，一座卷棚顶的亭桥凌空架起，桥下水流奔腾，穿过另一座小桥后，冲入瘦西湖中，击起了几波浪花。画面右下角的湖面上，渔民们穿着短衣短裤，正在辛勤网鱼。这是夏天的扬州。

万松叠翠

画面远景的山峦如波涛一般起伏，山坡上松柏层层叠叠，依然苍翠。但山脚下的树木枝叶已渐渐发黄，显示出秋意正浓。画面中景的湖湾平静如镜，十来艘篷船在此停泊休息。画面近景的山丘边，挺立着一座重檐攒尖顶的亭塔，与远山近水浑然一体。

平岗艳雪

寒冬的瘦西湖畔，一派清冷的景象。几乎没有别的植物，只有山岭上的梅树孤傲耸立，恣意绽放着红色的花朵。梅香引来了几位游人，他们不惧严寒，在亭子里、小桥上赏梅，画面一派宁静安详的气息。

扬州园林胜景

扬州园林集北方园林的雄伟与南方园林的秀美于一体,园林的主人会将整个园林布置得极富诗情画意。

瞧!居家养病的扬州进士史申义正席地而坐,眉开眼笑地欣赏着园中灿烂的繁花。在他身后的小路上,一个蓝衣童子手里捧着的不知是药,还是这个春天的新茶,正要送到他身边。更远处的水池边,斜撑一杆遮阳棚的,是他的书房一角,桌上堆满了纸笔文玩。处处生机盎然,阳光明媚,传说中的世外桃源,大概就是这样吧。

〔清〕禹之鼎《春泉洗药图》(局部)

运河边的庄园

这是大运河边的一座庄园,暴雨即将来临,柳树、松柏、芦苇都被吹弯了腰,人们也都忙乱了起来。来看看他们都在做什么吧!

要下雨啦,驴儿快跑!

货物不能淋雨,要赶在下雨前回去!

要下雨了,快收拾东西!

山雨欲来风满楼……好诗好诗!

快划快划,要下雨啦!

哎呀,扇子被吹走了!

〔清〕袁耀《山雨欲来图》(局部)

第七站 瓜洲

〔清〕佚名《彩绘运河风光图卷》（局部）

京口瓜洲一水间

大运河流经路线
江南运河

离开扬州继续南下，淮扬运河的终点是扬州城外的瓜洲古渡，大运河在此与长江交汇。瓜洲有着上千年的历史，由长江的泥沙淤积形成，因为形状似瓜而得名。瓜洲正当大江南北的咽喉要冲，更是北上扬州的门户，自古就有"江淮第一雄镇"之称。

唐朝扬州僧人鉴真为弘扬佛法，远渡日本，扬帆起航的地点也在瓜洲古渡。

北宋文学家王安石晚年再次担任宰相，赴京上任的途中泊船瓜洲。他回首遥望长江南岸，心中满是留恋，有感而作："京口瓜洲一水间，钟山只隔数重山。春风又绿江南岸，明月何时照我还？"

你知道王安石这首诗中的京口，又是什么地方吗？

就让我们从瓜洲登船，南渡长江吧！京口就在隔江相望的镇江那边。自镇江再往南至杭州的那一段大运河，人们习惯称之为江南运河。

最早来瓜洲旅行的外国人是谁？
700 多年前，意大利人马可·波罗长途跋涉来到中国，展开了长达 17 年的旅行，并把他的所见所闻口述成了著名的《马可·波罗游记》，里面就有一章专门描写瓜洲城。这本书在欧洲广为流传，让当时的很多西方人开始了解中国这个神秘的东方古国。

苏东坡瓜洲小聚

〔明〕 孙枝《锦江图》（局部）

北宋元祐七年(1092),苏东坡出任扬州太守。传说他得闲时,常与三五知己在瓜洲小聚,写诗填词,其中包括正对长江的金山寺的佛印禅师。一天,他写了一首诗:

稽首天中天,毫光照大千。
八风吹不动,端坐紫金莲。

这首诗表面上是赞颂菩萨,其实是自喻,说自己的修为可以遇名、利、毁、誉等"八风不动"。

他遣家仆过江送给佛印禅师看,禅师竟然只回复了一个"屁"字。苏东坡顿时就怒了,亲自过江找禅师讨说法,却只见金山寺门上贴了一副对联:

八风吹不动,一屁过江来。

苏东坡这才恍然大悟,禅师这一个字,其实正击了要害,自己好像并没有真正做到"八风不动"嘛。

闻名天下的金山寺

当年乾隆皇帝下江南,也曾从瓜洲南渡长江。船队顺流而下,远远望见江心有一座小岛。岛上宝塔直入云霄,殿宇楼阁连墙接栋,正是闻名天下的"寺包山"——金山寺。

还记得北京万寿山的佛香阁吗?乾隆皇帝设计佛香阁建筑群,参考的正是金山寺"寺包山"的建筑模式。

〔清〕徐扬《乾隆南巡图·金山放船至焦山》(局部)

传说乾隆皇帝还曾登上金山寺。遥望江上行船如梭,他问金山寺的方丈:"长江中一天会经过多少条船?"

方丈答:"只有两条。"

乾隆皇帝又问:"怎么会只有两条呢?"

高僧再答:"一条为名,一条为利。"

乾隆问的是一个数学题,但高僧把它变成了一个哲学题,意思是江上来往的船只很多,但是无非是为了"名"和"利"这两样东西。虽然这个问答很妙,可是人类行为的动机,除了"名利",还有"情义"啊!

> 《白蛇传》里"水漫金山"的故事就是发生在这里呢。

> 白娘子对许仙的情义可真是感天动地!

〔清〕徐扬《乾隆南巡图·金山放船至焦山》(局部)

第八站 苏州

〔清〕佚名《彩绘运河风光图卷》（局部）

上有天堂，下有苏杭

这句话里的"苏"指的就是苏州。苏州城始建于公元前514年，已有2500多年历史。苏州也是一座建在运河上的城市，绕城的护城河是这座城市的城防设施，也是江南运河的航道。城内"三纵三横一环"的河道水系是大运河通向千家万户的水上通道，与这些水道并行的是陆上道路系统，从而形成"水陆并行、河街相邻"的双棋盘格局。

苏州还是大运河沿线城市景观遗产的典型范例，有7个相关点段被纳入《世界遗产名录》，除了大运河苏州段这一遗产河段外，苏州城内的中国大运河遗产点包括盘门、古纤道、宝带桥等。这些点段的遗产，清晰地勾勒出一座完整的苏州古城，这在众多运河城市中是独一无二的。

— 大运河流经路线
— 江南运河

我国现存最长的古石桥在哪儿？
苏州城外大运河上有一座宝带桥。这座桥长316.8多米，有53个桥孔，是我国现存最长的古石桥。

有趣的苏州市井生活

园林、水巷、寺塔与拱桥的合奏，这就是苏州。唐朝诗人张继途经苏州时，写下的流传千古的《枫桥夜泊》，描述的就是苏州城外的寒山寺寺塔。

月落乌啼霜满天，江枫渔火对愁眠。
姑苏城外寒山寺，夜半钟声到客船。

那清朝时期的苏州，又是什么样子呢？让我们通过清朝画家徐扬的《姑苏繁华图》来看看吧！

忙碌的苏州街市

〔清〕徐扬《姑苏繁华图》（局部）

猪养肥了，可以出栏了！

木渎古镇

展开《姑苏繁华图》,最早进入画卷的是古镇木渎。木渎在苏州西南 15 公里,南宋以来即是有名的古镇。小镇里有人在热火朝天地盖房子,也有人在纺织、熨烫丝布、饲养猪群……真真是"丰衣足食"的写照。

等布烫好了,做几件好看的春装!

新房子快盖好啦!

草地上的午餐

富裕悠闲的人们乘坐肩舆来到郊外，一边野餐，一边聊天，一边欣赏万紫千红、大好春光。

江南无所有。

聊赠一枝春。

〔清〕徐扬《姑苏繁华图》（局部）

斜桥三弦

在斜桥临河的厅堂内，两人相对而坐，一人弹奏着三弦，另一人伴奏，手持乐器似为琵琶，正是有名的苏州三弦琵琶弹唱。这是百姓人家自娱自乐的形式。河对岸，着急赶路的船夫正站在船上，匆匆扒拉着"快餐"。

你看见桥另一侧的店铺招牌了吗？太史饼、状元糕、玉露霜、桂花露、乳酪酥……有没有流口水呀？

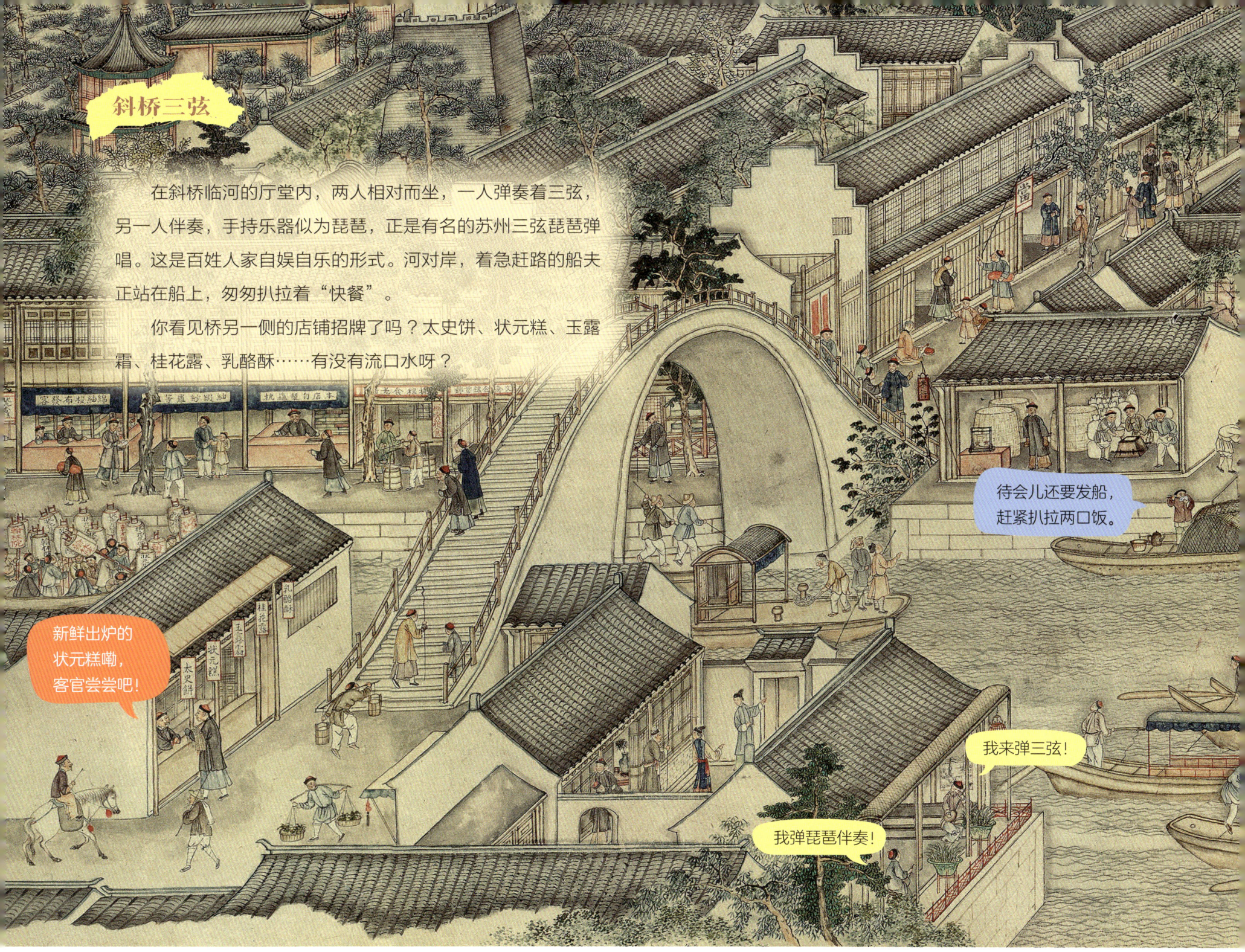

> 新鲜出炉的状元糕嘞，客官尝尝吧！

> 待会儿还要发船，赶紧扒拉两口饭。

> 我来弹三弦！

> 我弹琵琶伴奏！

〔清〕徐扬《姑苏繁华图》（局部）

堂会《白兔记》

这里有一户人家在办堂会，厅上高朋满座，品尝美酒佳肴的同时欣赏堂会演出，剧情为南戏四大名剧之一的《白兔记》。厅前铺的地毯就当成舞台，台上有青衣、童子二人演出。院门内外还有"服务员"在源源不断地端上刚送来的美食。

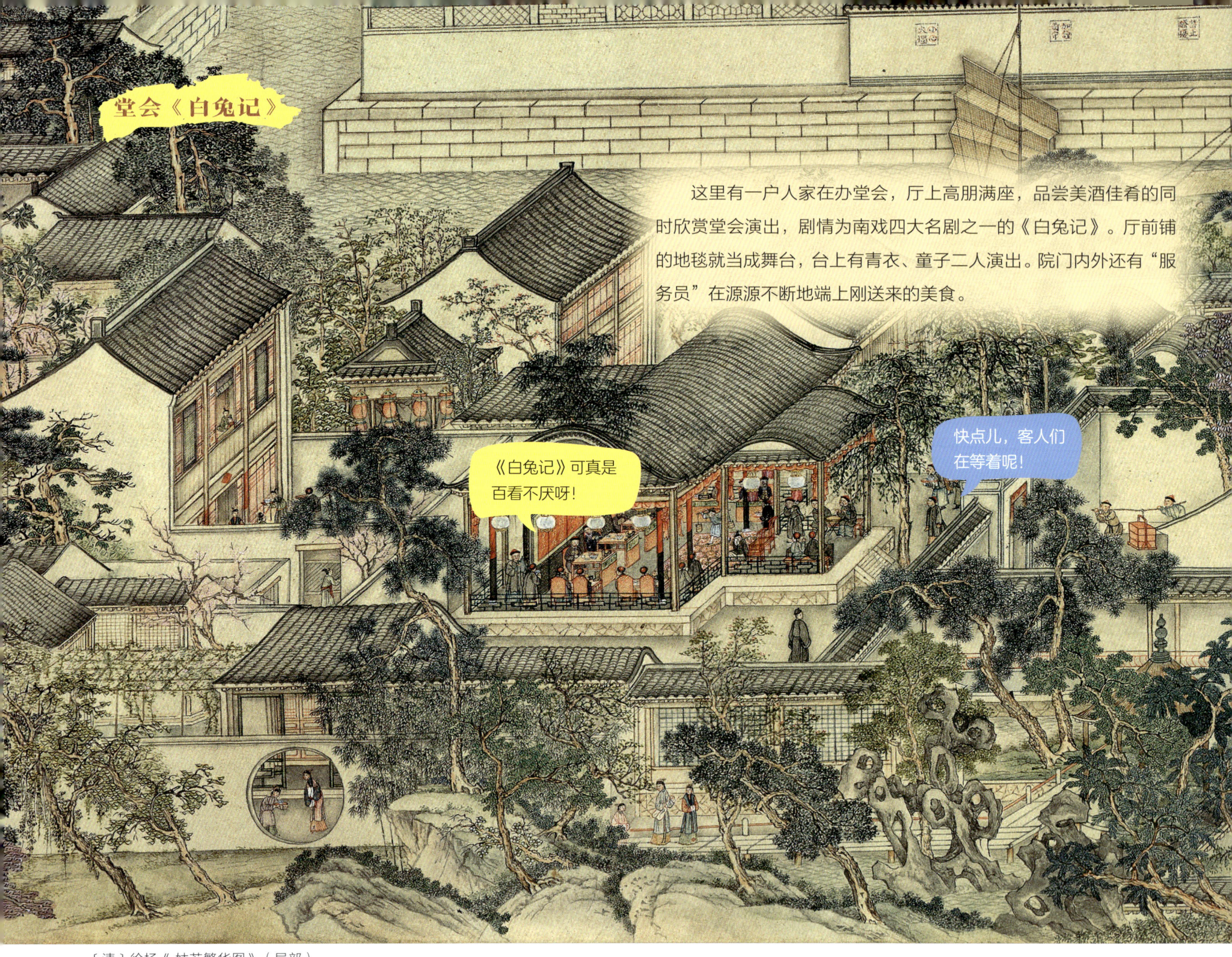

《白兔记》可真是百看不厌呀！

快点儿，客人们在等着呢！

〔清〕徐扬《姑苏繁华图》（局部）

郊外的纤夫与社戏

石桥边，有人坐轿子而来，桥边的大客船正要出发，船家收起了缆绳、撑起了竹篙、摇动起船橹……船家显然食宿都在船上，可以看见舱顶上挂着他们腌制的火腿，还有饮食用的壶子和罐子……

〔清〕徐扬《姑苏繁华图》（局部）

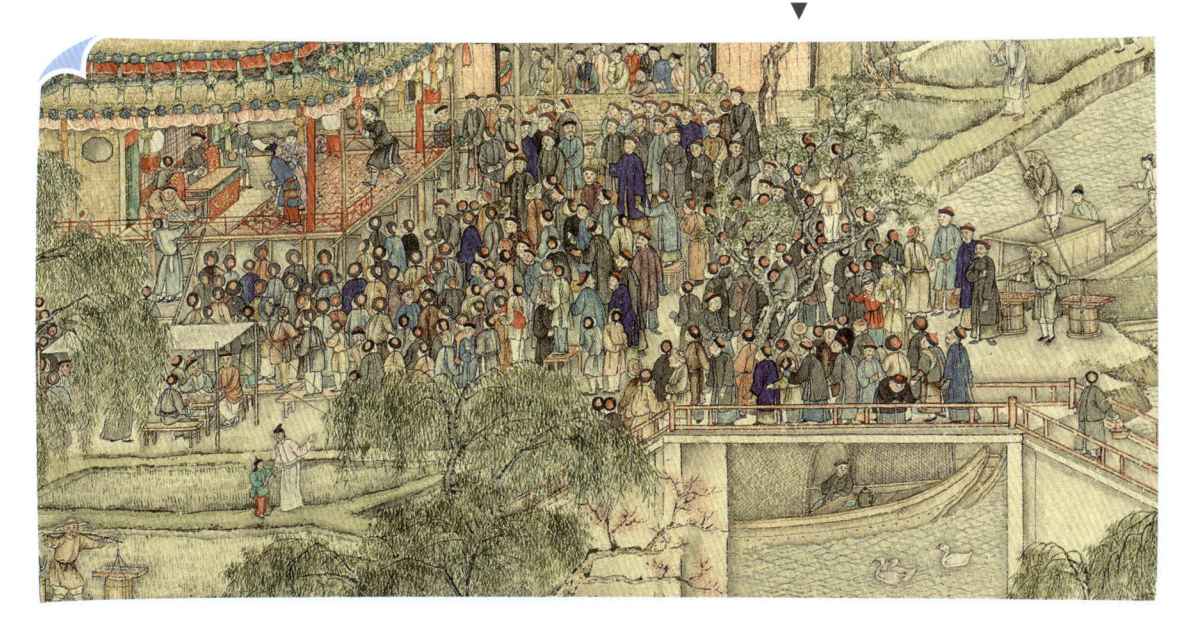

临河处，一座扎彩的戏台正在演社戏。台上有演员三人，一黑衣男演员手持小铜锣，一女演员腰系花鼓，一公子模样者上前搭讪。这是明朝传奇作品《红梅记》中的一出戏——《打花鼓》，是乾隆时著名的时剧。

台前已挤得不行，后来者只能站在条凳上伸着脖子看，更有爬树看的，站在船顶上看的……奇怪，桥下乌篷船上有个人似乎有心事，只是盯着水里的鹅群发呆。

科举考试

从万年桥上眺望城墙内，越过江苏按察使司的幡旗，可以望见江苏贡院里正在进行科举考试。他们中的佼佼者将成为举人，来年进京赶考，如果高中进士，就可以做官，去实现治国平天下的人生抱负。

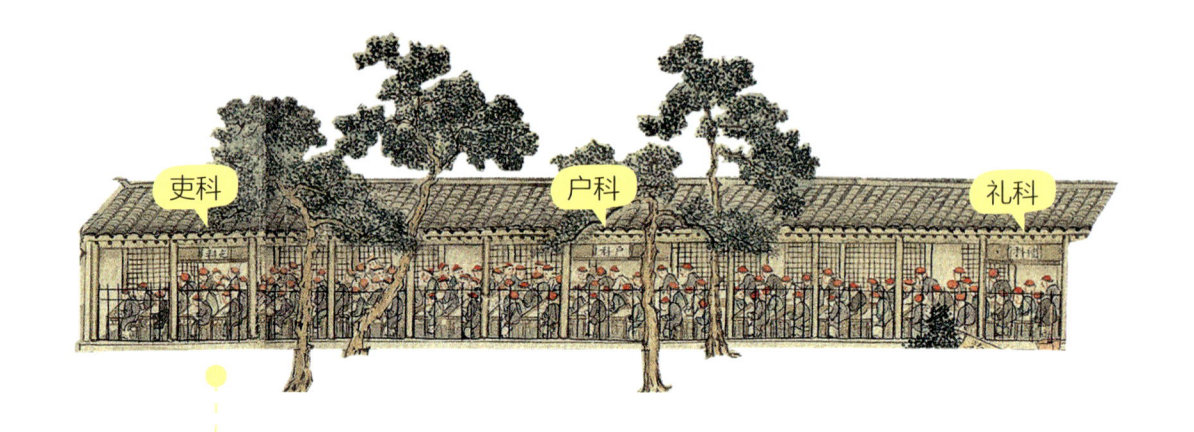

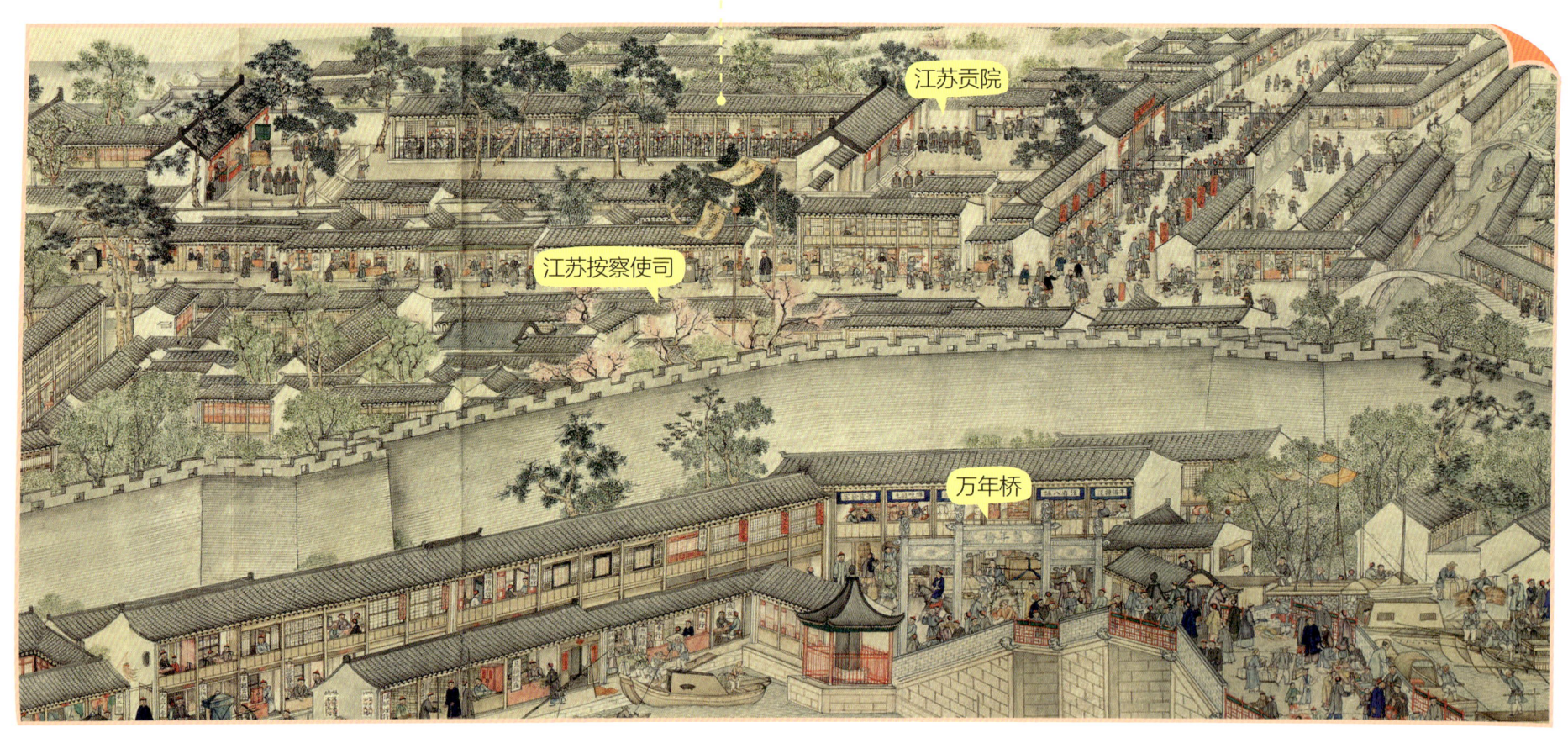

吏科　户科　礼科

江苏贡院

江苏按察使司

万年桥

〔清〕徐扬《姑苏繁华图》（局部）

苏州园林

[清]徐扬《姑苏繁华图》（局部）

过了胥门，画卷绘有江苏总藩（布政使）衙门里的怡老园一角，"江苏总藩"的旗帜随风飘扬。

明朝大学士王鏊，告老返回苏州，他喜居别墅，即仿照山中景致，筑园居住，名曰"怡老园"。康熙元年，怡老园南部被改建为江苏布政使署，但后院仍有庭园幽趣。

阊门卖艺

苏州是江南最富庶繁华的地方，四面八方来此游走江湖的艺人终年不断……阊门的月城脚下，是一幅江湖卖艺场景。一位女艺人手持长竿，正在表演走绳索的杂技，整个码头挤满了围观的人群，楼上商铺里的伙计也纷纷开窗观看。

看热闹饿了，旁边的饭店有三鲜大面、精洁馄饨，要不要来一碗？

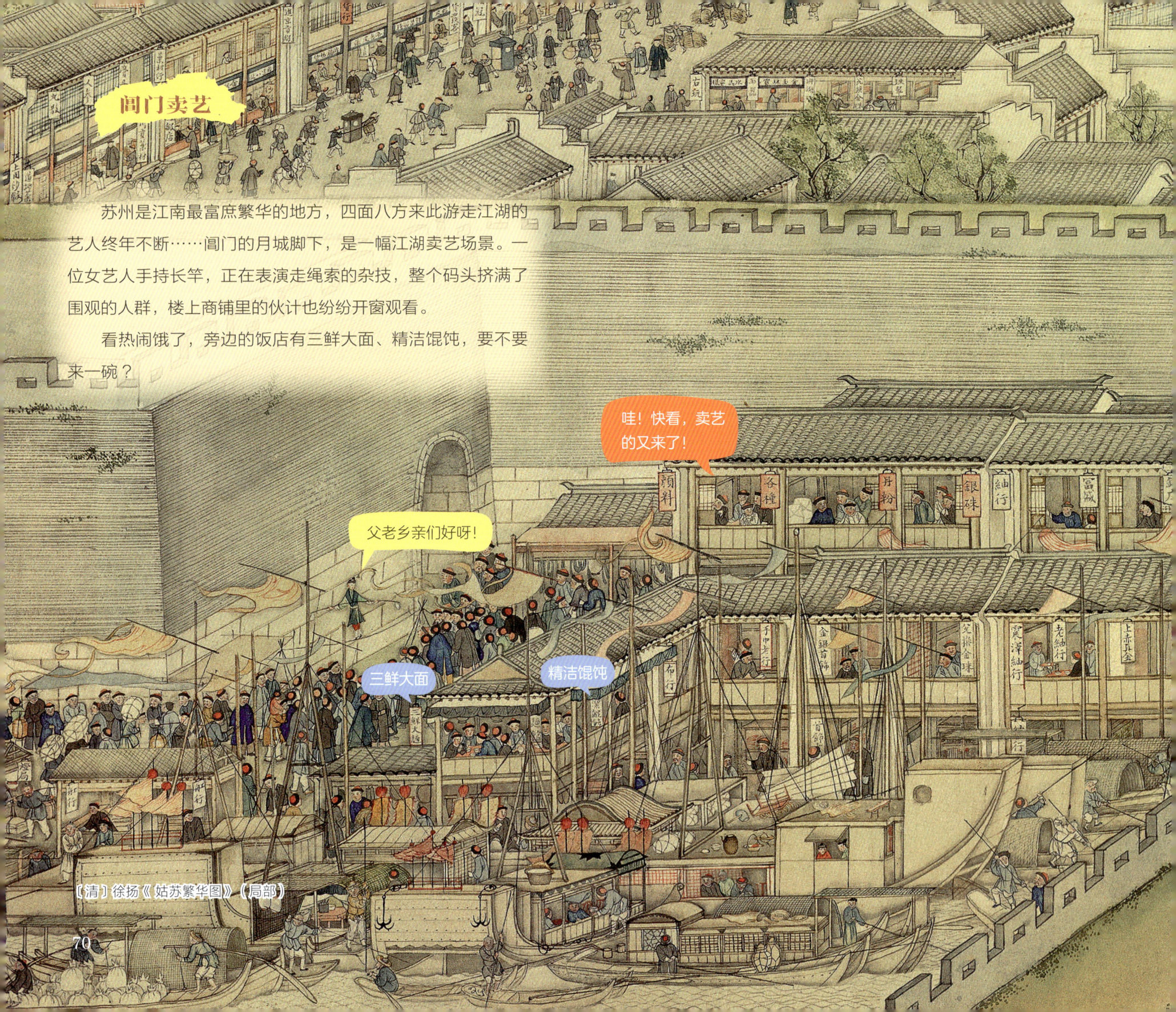

哇！快看，卖艺的又来了！

父老乡亲们好呀！

三鲜大面

精洁馄饨

〔清〕徐扬《姑苏繁华图》（局部）

虎丘剑池

〔清〕徐扬《姑苏繁华图》（局部）

画卷最后一段的虎丘寺，自下而上有山门、大雄宝殿、千佛阁、伽蓝殿，最高处即云岩寺塔，山腰有石桥飞架两崖，其下就是著名的剑池。相传吴王阖闾就埋葬在剑池之下。如今，"虎丘剑池"已是苏州古典美丽的象征。

第九站
杭州

〔清〕佚名《彩绘运河风光图卷》（局部）

72 北京　天津　德州　泰安　淮安清口

江南忆，最忆是杭州

大运河流经路线
江南运河

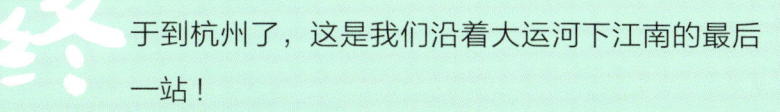

广济桥
拱宸桥
杭州
西湖
钱塘江

终于到杭州了，这是我们沿着大运河下江南的最后一站！

杭州因西湖而闻名，因运河而兴盛。

大运河上众多的桥梁，不仅给杭州带来了美丽的河桥景致，还有很多相关的文化历史习俗。比如"走桥"，每年元宵节，杭州城的父老乡亲们都会三五成群地结伴而行，走过三座甚至更多座桥梁，以此祈福避祸。

西湖是杭州美景的代表符号，也是京杭大运河的南端水源。西湖的水来自钱塘江，再流入京杭大运河。大运河与西湖连接处的拱宸桥，是京杭大运河的终点。

自此，从北方的海河到江南的钱塘江，几大"横河"水系，被大运河这一"竖"完全贯通。

大运河上只此一座的七孔石桥
杭州城外塘栖镇的广济桥，是现今京杭大运河上仅存的一座古代七孔石拱桥。广济桥全长 78.7 米，南北向横跨大运河，就像一条长长的彩虹横卧在水面上。

杭州西湖：古代文人的最爱

〔清〕关槐《西湖图》（局部）

西湖有着两千多年的历史，它不仅以丰沛的水源造福杭州，也以其旖旎的景色倾倒众生，而其最著名的景色莫过于"西湖十景"。"西湖十景"不仅是自然景观，更是人与自然和谐共处的人文景观，是中国园林文化的典范，体现着中国文化的核心观念。

白居易任杭州太守时留下了很多关于西湖的诗歌，比如：**"最爱湖东行不足，绿杨阴里白沙堤。""日出江花红胜火，春来江水绿如蓝。"**

离开杭州后，他还依依不舍地回忆：**"未能抛得杭州去，一半勾留是此湖。"**

除了白居易，还有很多文人墨客也都对西湖情有独钟。

欧阳修说：**"谁羡骖鸾？人在舟中便是仙。"**

苏东坡说：**"水光潋滟晴方好，山色空蒙雨亦奇。"**

杨万里说：**"毕竟西湖六月中，风光不与四时同。"**

……

寻找"西湖十景"

乾隆皇帝南巡出发前,久闻西湖之美,但对西湖风光究竟如何美,终究是"未见颜色贵耳食"。于是就命令大臣给他提供各式江南旅游的"攻略",这幅由著名画家王原祁所绘的《西湖十景图》卷便是"攻略"之一。

《西湖十景图》中除了苏堤春晓、曲院风荷、平湖秋月、断桥残雪、柳浪闻莺、花港观鱼、双峰插云、南屏晚钟、雷峰夕照、三潭印月这"十景",还展示了其他数十处风景名胜。

画中的亭台楼阁,由极细的工笔绘制,整体的青绿山水色调和建筑的朱红色调浑然一体。堤岸的柳枝摇曳,呼应着湖面泛起的涟漪。整幅画布局错落有致,近景清晰,远山隐约,仿佛自带了透视景深。

〔清〕王原祁《西湖十景图》

断桥残雪

运河上的桥是解读运河的最佳注脚。江浙一带的古桥桥拱很大，就是为了通航。白堤的尽头，那座单孔石拱桥就是著名的断桥。据说古石桥上建有亭，冬日雪霁，桥面仍然冰雪玉砌，从远处眺望，桥与堤似乎断开了，因此得名断桥残雪。

平湖秋月

在杭州赏月有三大胜地：
一是三潭印月，在湖中赏月。
二是南宋皇城遗址的凤凰山坡的月岩，在山上赏月。
三便是平湖秋月了，在西湖岸边赏月，月白风清，趣味盎然。

三 双峰插云

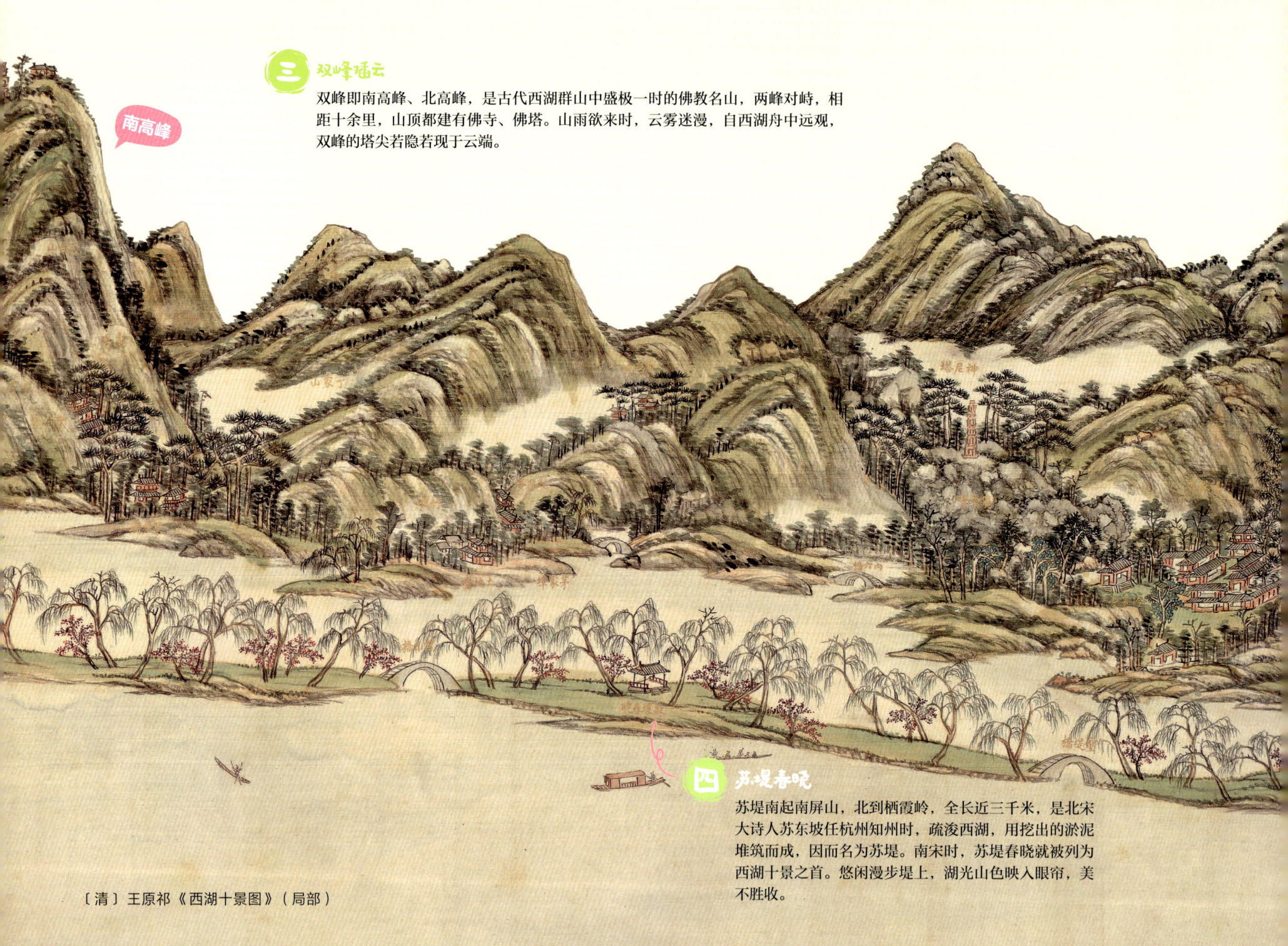

双峰即南高峰、北高峰，是古代西湖群山中盛极一时的佛教名山，两峰对峙，相距十余里，山顶都建有佛寺、佛塔。山雨欲来时，云雾迷漫，自西湖舟中远观，双峰的塔尖若隐若现于云端。

南高峰

四 苏堤春晓

苏堤南起南屏山，北到栖霞岭，全长近三千米，是北宋大诗人苏东坡任杭州知州时，疏浚西湖，用挖出的淤泥堆筑而成，因而名为苏堤。南宋时，苏堤春晓就被列为西湖十景之首。悠闲漫步堤上，湖光山色映入眼帘，美不胜收。

〔清〕王原祁《西湖十景图》（局部）

北高峰

五 曲院风荷

曲院风荷位于西湖西侧,湖中栽种了很多荷花,是夏天有名的赏荷胜地。"毕竟西湖六月中,风光不与四时同",这句古诗说的就是曲院风荷的夏景。

七 南屏晚钟

因南屏山下净慈寺的钟声得名。每当寺庙里敲钟，钟声随风缭绕半个杭城，尤其在傍晚时分，阵阵钟声格外动人心魄，是西湖十景中最早成名、最具魅力的胜境。

六 雷峰夕照

你肯定听说过大名鼎鼎的雷峰塔吧？很多人知道雷峰塔是因为白娘子的故事。每当夕阳斜照，山色塔影交错，是西湖最美的黄昏景观。雷峰塔曾因被盗挖等原因而倒塌，后来杭州市以市民投票的方式决定了重建雷峰塔，"雷峰夕照"得以重现西湖！

〔清〕王原祁《西湖十景图》（局部）

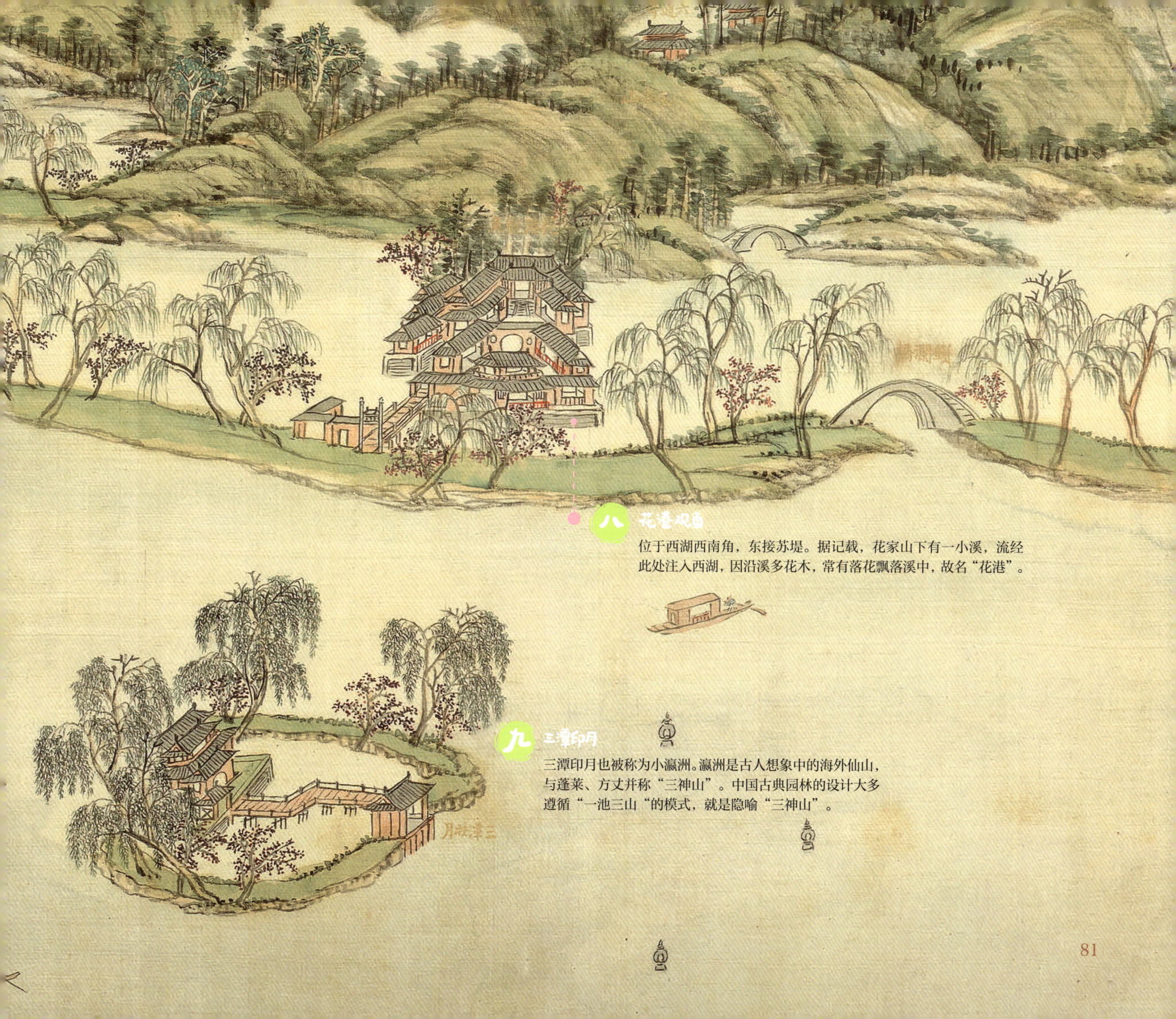

八 花港观鱼
位于西湖西南角，东接苏堤。据记载，花家山下有一小溪，流经此处注入西湖，因沿溪多花木，常有落花飘落溪中，故名"花港"。

九 三潭印月
三潭印月也被称为小瀛洲。瀛洲是古人想象中的海外仙山，与蓬莱、方丈并称"三神山"。中国古典园林的设计大多遵循"一池三山"的模式，就是隐喻"三神山"。

十 柳浪闻莺

柳浪闻莺地处西湖东南隅湖岸。这里栽种了很多柳树,阳春三月,这些柳树迎风飘舞,宛如柳浪翻空,碧波汹涌。

这里的柳树外形各有特点:有的柳丝飘动好像贵妃醉酒,称为"醉柳";有的枝叶繁茂好像狮子头,称为"狮柳";有的远眺好像西施浣纱,称为"浣纱柳"……加上黄莺飞舞,交相鸣啼,就有了"柳浪闻莺"之称。

〔清〕王原祁《西湖十景图》(局部)

还记得大文豪苏东坡的这首《饮湖上初晴后雨》吗？

水光潋滟晴方好，山色空蒙雨亦奇。
欲把西湖比西子，淡妆浓抹总相宜。

杭州与西湖美丽的湖光山色，陶醉了无数远来的游客。

从北京南下，一路走来，赏美景风光、学知识、听故事、品味诗情画意，我们的京杭大运河之旅也要结束了。

> 亲爱的读者，你是希望自己就此流连杭州，还是尽兴回舟呢？好像，这还真是一个问题呢！

> 时间转眼过去了，我们该从杭州回北京啦，离开之前再俯瞰一遍大运河吧！

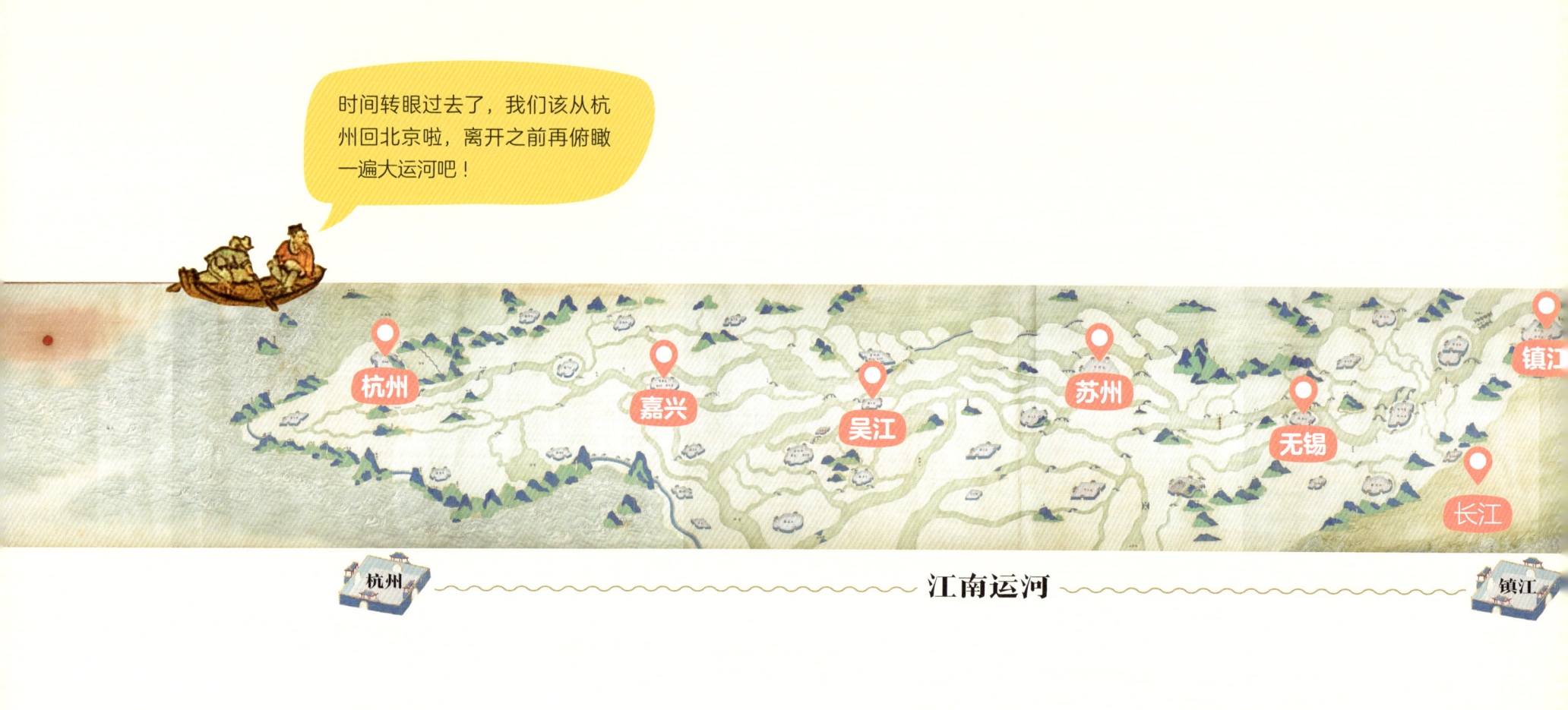

江南运河：杭州 — 镇江

鲁运河（会通河）：台儿庄 —

〔清〕佚名《京杭大运河全图》

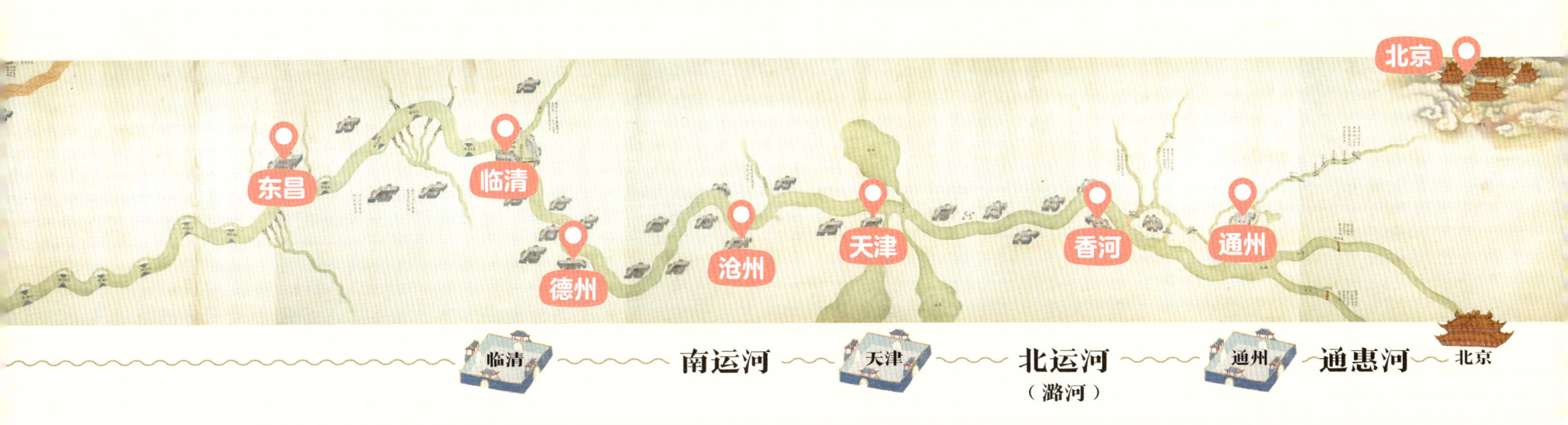

金山寺　瓜洲　扬州　高邮　淮安　清口　宿迁

扬州 ——里运河（淮扬运河）—— 淮安 ——中运河——

北京
东昌　临清　德州　沧州　天津　香河　通州

临清 ——南运河—— 天津 ——北运河（潞河）—— 通州 ——通惠河—— 北京